Les recettes
Dukan

DR PIERRE DUKAN

Les recettes Dukan

Mon régime en 350 recettes

Bienêtre

SOMMAIRE

POUR QUE MON RÉGIME DEVIENNE LE VÔTRE

En rendant à mon éditeur le manuscrit de mon livre *Je ne sais pas maigrir*, j'avais conscience d'avoir donné la touche finale au travail d'une vie, de fournir à moi-même d'abord, à mes patients ensuite, à mes lecteurs à venir enfin, une méthode de lutte contre le surpoids, la mienne, façonnée au cours de mes trente années de pratique quotidienne.

Mon entrée dans la nutrition avait commencé par une innovation qui me valut le courroux de mes pairs de l'époque, initiateurs et défenseurs farouches de l'hypocalorique, de la pesée des aliments et du tout en petites quantités. J'avais inauguré le régime des protéines alimentaires.

J'étais très jeune et j'aurais facilement pu me décourager, si l'efficacité, la simplicité et la parfaite adaptation de ce régime, au profil psychologique du gros, ne m'avaient conforté dans cette voie et attaché au mât de mon voilier en pleine bourrasque.

Je suis d'un naturel ingénieux, curieux et créatif, et j'ai utilisé ces dons dans le territoire que je connais et pratique le mieux, la relation de l'homme à son poids. Au fil des ans, j'ai conçu puis patiemment affiné ce régime au contact quotidien de mes patients, dans un aller-retour incessant de mesures tâtonnantes, dont je ne conservai que ce qui améliorait l'efficacité et la tolérance à court, moyen, et surtout long terme, des résultats obtenus.

Ainsi s'est bâtie une méthode qui est devenue la mienne aujourd'hui, et dont le retentissement, l'extension et les témoignages de sympathie de mes lecteurs donnent un sens à ma vie. Quelles qu'aient pu être mes espérances et mes ambitions en l'écrivant, je n'aurais pu imaginer l'accueil d'un public aussi invraisemblablement large, qui lui vaut d'être traduit et publié dans des pays aussi lointains que la Corée, la Thaïlande ou la Bulgarie.

La diffusion de cet ouvrage doit très peu à la communication et absolument rien à la publicité.

Étrangement, il s'est vendu seul, passant de main en main, de forum en forum et, depuis peu, de médecin en médecin.

J'en ai conclu qu'il contenait un élément qui me dépassait, un élément heureux et hasardeux qui, par-delà l'action purement nutritionnelle, laissait transparaître ma présence de thérapeute avec son empathie, son énergie et sa compassion.

J'ai reçu depuis sa parution un très grand nombre de lettres, de témoignages de résultats, de missives de sympathie et de reconnaissance, mais aussi des lettres critiques et, d'autres enfin, de suggestions constructives. Parmi ces dernières, il m'était chaleureusement demandé d'ajouter à ma méthode un volet de dépenses physiques et un nouveau corpus de recettes. Ce livre a été écrit pour satisfaire ce second souhait, je m'attellerai à satisfaire le premier immédiatement après.

Dans ce livre consacré aux recettes liées à ma méthode et ses prescriptions, j'ai bénéficié de l'inventivité et de la participation de tous ceux et celles qui, au régime, ont redoublé d'ingéniosité pour aménager mes recettes. Je n'ai pas pu citer dans cet ouvrage tous les auteurs de ces ajustements mais à chaque fois que j'ai pu le faire, j'ai conservé la dénomination apposée par le dernier adaptateur en date.

Pour ceux qui ne connaissent ni mon plan ni mon régime, sachez que l'intégralité de ma méthode s'appuie sur deux grandes familles d'aliments :
- les aliments riches en protéines animales,
- et les légumes.

Ces deux catégories constituent pour moi le socle naturel de l'alimentation humaine. J'en veux pour preuve que ce sont eux qui constituaient le berceau alimentaire de notre espèce, voici quelque 50 000 ans.

L'apparition d'une espèce est un long travail d'adaptation réciproque entre celle qui va naître de la précédente et son environnement : une rencontre entre un code génétique qui se cherche et un environnement prêt à l'accueillir.

Il n'est pas concevable qu'une espèce éclose dans un espace géographique qui ne lui apporte pas exactement ce dont elle a besoin. S'il y a UN moment dans l'histoire de notre espèce où notre système digestif et les aliments disponibles furent parfaitement en phase, c'est celui de notre apparition sur terre.

Et cette donnée est tout, sauf un détail, elle est au cœur même de ma démarche, la recherche de repères dans le territoire de l'alimentation humaine où règnent la croyance en notre adaptabilité infinie et notre statut d'omnivores tous terrains.

Et bien non, il existe des aliments plus humains, plus fondateurs que d'autres, et ce n'est pas une démarche idéologique de retour à un quelconque âge d'or passéiste, mais le pragmatisme qui reconnaît le pouvoir des inclinaisons de notre nature.

À l'origine de l'espèce, l'homme était, du fait de sa constitution et de ses goûts instinctifs, taillé pour la chasse et la pêche, soit la poursuite du gibier terrestre et aquatique. La femme se spécialisa dans la cueillette, principalement celle du végétal.

Issus d'une telle matrice initiale, ces aliments ont acquis très tôt un statut fondateur, celui des aliments les plus spécifiques, les plus humains, les plus nobles et denses, et les plus appropriés à l'homme, tant sur le plan nutritionnel que sur celui, infiniment plus intéressant pour la gestion du poids, de leur charge affective et émotionnelle de la mise en bouche.

D'autant que depuis 50 000 ans, ces aliments ont évolué en compagnie permanente de l'homme, en renforçant leurs liens réciproques.

Il est évident que l'être humain n'est plus ce qu'il était, qu'il n'est plus chasseur-cueilleur, qu'il s'est sédentarisé, qu'il a cultivé et élevé, qu'il a bâti des civilisations, qu'il a maîtrisé son environnement et qu'il en extrait exactement ce qu'il veut, y compris ses aliments, conçus bien plus comme objets de plaisir que comme vecteurs nutritifs.

Ce faisant, il crée une alimentation nouvelle, aux antipodes de ce qu'il est fait pour recevoir. Il s'y adonne avec volupté, car c'est une alimentation de séduction, riche, luxuriante, sensorielle, gratifiante, affective et émotionnelle, mais une alimentation qui le fait grossir. Or, votre problème aujourd'hui est de vous arrêter de grossir et de maigrir.

Dans notre alimentation actuelle, deux nutriments – les graisses et les sucres composants des aliments longtemps considérés comme rares et luxueux – ont fait une apparition fracassante au cours de ces cinquante dernières années. Par définition, les aliments à haute teneur en gras ou en sucre qui abondent aujourd'hui dans les linéaires des grandes surfaces sont des produits d'extrême récompense, qui n'existaient pas lorsque notre corps et, surtout, notre cerveau naquirent. Nul ne mangeait gras, car les animaux chassés étaient maigres. Nul ne mangeait sucré, car le saccharose n'existait pas. Le Roi-Soleil lui-même dans le luxe inouï de Versailles n'a jamais goûté à d'autres produits sucrés que le miel et les fruits.

Mon propos n'est pas de militer pour un retour à la nourriture frugale de l'homme des cavernes, mais de faire comprendre que maigrir en se réappropriant ses aliments ne constitue pas une agression pour celui qui pendant son amaigrissement devra s'y cantonner.

Je sais que la plupart des nutritionnistes prônent l'apport de féculents, de céréales, de glucides et de bonnes graisses dans l'alimentation, et je suis moi-même convaincu de l'utilité de cette ouverture, mais pas pendant la phase d'amaigrissement. Mes trente années de combat aux côtés de mes patients m'ont convaincu que ce type d'alimentation équilibrée était totalement inadaptée à une démarche d'amaigrissement. Maigrir en conservant l'équilibre et la proportion optimale des nutriments est méconnaître la psychologie et la problématique des personnes en surpoids et des obèses.

La période d'amaigrissement est une période de guerre qui doit, pour être vraiment gagnée, déboucher sur une paix durable. Or, on ne peut imaginer mener un combat sans effort ni logique. Si les gros étaient capables de perdre du poids en mangeant un peu de tout, de façon équilibrée, ils ne seraient pas gros. On ne peut comprendre les comportements alimentaires de l'homme en fonction des seules lois de la thermodynamique. L'explication énergétique du surpoids – on grossit de trop manger et de bouger peu – est vraie, mais elle n'explique que le comment des choses, et non le pourquoi.

Si vous qui me lisez avez grossi – suffisamment pour que cela vous perturbe –, c'est que vous mangez avec une autre finalité que celle de vous nourrir. Sans vous connaître, je peux vous assurer que ce qui, dans votre alimentation, vous a fait grossir n'est sûrement pas ce que vous avez consommé pour vous nourrir, mais le complément que vous avez mis en bouche pour vous faire plaisir et amortir votre stress. Et c'est ce besoin de plaisir, cette demande suffisamment forte pour s'imposer à vous et vous conduire à grossir en le réprouvant et jusqu'à en souffrir, c'est ce besoin dont il vous arrive de vous sentir coupable qui est le fil conducteur et l'explication réelle de votre problème de surcharge pondérale.

Les échanges quotidiens avec mes patients, leur écoute, le recueil attentif de leurs témoignages et de leur vécu m'ont convaincu au fil des ans que, lorsqu'il existe une telle demande inconsciente de plaisir, une pulsion assez forte pour submerger la raison et faire taire la sensation de culpabilité, c'est que la récolte des autres plaisirs et autres sources d'épanouissement est momentanément, ou durablement, carencée.

Et habituellement, le déclic – qui pousse à réagir et à trouver l'énergie suffisante pour partir en guerre contre son poids et abandonner le plaisir de compensation dont il est le produit – vient de la compréhension que d'autres sources de plaisir issues d'autres champs de vie sont à attendre, promesse d'embellie qui annonce des jours meilleurs.

Dans ces moments privilégiés, fragiles et incertains, les personnes en surpoids demandent à se battre efficacement, en obtenant des résultats palpables, visibles et suffisants pour fortifier cet espoir et cette motivation, qui peuvent très bien s'effondrer en cas de stagnation ou d'échec. Ils veulent un régime efficace et qui démarre vite.

Dans cette optique, j'ai choisi l'efficacité tout en respectant mon éthique de médecin qui assure l'intérêt de mon patient sur le long terme et le choix absolu de la durabilité des résultats acquis, la stabilisation sur le long terme de son poids d'équilibre.

J'ai longtemps pensé que la priorité accordée à l'efficacité devait faire accepter un gel momentané de la gastronomie et de la recherche culinaire. C'était méconnaître l'ingéniosité et les infinies ressources créatives de mes patients et lecteurs, lorsqu'ils sont fortement motivés et appliqués à inventer à l'intérieur du cadre parfaitement délimité et structuré que je leur fixais, celui des protéines et des légumes sans aucune restriction de quantité.

J'ai ainsi reçu en cinq ans des milliers de recettes utilisant ces deux familles d'aliments et respectant leur mode de préparation, leur mélange et leur alternance. J'ai été stupéfait de voir à quel point celles et ceux qui avaient eu la chance de trouver une recette faisant leur bonheur avaient à cœur de la partager.

Un matin de 2005, un de mes lecteurs m'a téléphoné. Il tenait à me faire savoir qu'après avoir acheté par hasard mon livre, dans une gare, il en avait suivi les préconisations et avait perdu, seul, plus de trente kilos en six à sept mois.

« J'ai passé ma vie dans la restauration. J'aime autant cuisiner que me délecter de mes plats. C'est ainsi qu'au fil des ans, je suis devenu très gros. Votre plan m'a séduit, car je suis amateur de viandes et de poissons et, surtout, un très gros mangeur et que votre livre commence par les mots "à volonté".

« J'ai fait appel à tous mes talents et à mon savoir-faire pour apporter à vos 100 aliments, totalement autorisés, et aux nombreuses recettes de votre ouvrage, le lustre et la patine de la grande cuisine. Je me suis régalé pendant six mois et j'ai maigri sans réellement souffrir.

« Pour vous remercier, je vais vous faire parvenir ces recettes issues de votre répertoire, mais ajustées à mon plaisir à partir de votre règle du jeu, afin que vous en fassiez profiter vos patients ou lecteurs en manque de temps ou d'imagination. »

La vie a voulu que cet appel téléphonique, outre son inestimable apport en musique de bouche appliquée à la minceur, entre aussi dans ma vie personnelle et familiale. Mon fils Sacha qui étudie la diététique a pris connaissance de ces recettes et, en association avec ce grand chef chevronné, a monté son laboratoire et développé une ligne de plats minceur, la seule à ma connaissance qui, en Europe, cuisine sans aucun apport de matière grasse, de sucre ni de farine.

Ces recettes, vous les trouverez dans ce livre, mêlées aux autres, à celles, moins professionnelles mais tout aussi créatives, de femmes s'exprimant dans des forums et œuvrant ensemble en un projet commun de maigrir en suivant ma méthode. Je profite de l'occasion pour remercier du fond du cœur les internautes de ces principaux forums qui m'ont aidé en m'envoyant leurs recettes. Il y en a trop pour que je les salue toutes, toutefois elles se reconnaîtront à l'intitulé de leur forum: aufeminin, supertoinette, mesregimes, dukanons, seniorplanet, doctissimo, zerocomplexe, atoute, cuisinedukan, vivelesrondes, commeunefleur, nouslesfemmes, club-regimes, e-sante, commeunefleur, regimefacile, meilleurduchef, vol-creole, forumliker, yabiladi, formemedecine, actiforum, easyforum, dudufamily…

Pour classer les recettes de ce livre, j'ai utilisé la structure des étapes qui délimitent ma méthode. Celle-ci se décompose en quatre phases. Les deux premières, la phase d'attaque et la phase de croisière sont chargées de l'amaigrissement proprement dit. Les deux suivantes, la consolidation et la stabilisation du poids s'appliquent à protéger le poids choisi et obtenu.

C'est au cours des deux premières phases que les recettes ont à jouer un rôle crucial, celui d'apporter du plaisir, des saveurs, de la quantité, du rassasiement et de la variété. Après, la diversité est telle qu'un livre de recettes n'aurait pu toutes les contenir. Mais je n'ai pas dit mon dernier mot et il y aura un livre de recettes pour la consolidation, préparez-vous !

Vous trouverez donc deux grands types de recettes : les recettes – dites de protéines pures – n'utilisant que des aliments à haute teneur en protéines, et les recettes conjuguant protéines et légumes.

Elles sont conçues à partir des 100 aliments constitutifs de mon régime, librement autorisés en quantité, en horaire et en mélanges.

Cette liberté est accordée pleinement, à condition de n'introduire aucun autre aliment pendant les deux premières étapes de ce plan qui mènent au poids recherché.

Voici les 100 aliments librement autorisés des deux premières étapes de mon plan.

(Chacun de ces aliments est détaillé avec ses qualités nutritionnelles et ses meilleurs modes de cuisson sur le site **www.regimedukan.com**.)

72 aliments protéinés

- 11 viandes : steak, filet et faux-filet de bœuf, rosbif, langue, viande des Grisons, escalope, côte, foie et rognon de veau, ainsi que jambon de porc, de poulet ou de dinde (sans gras et sans couenne).
- 25 poissons : cabillaud, colin, dorade, empereur, espadon, flétan fumé, haddock, lieu, limande, lotte, loup, maquereau, merlan, mulet, raie, rouget, sardine, saumon, saumon fumé, sole, surimi, thon, thon au naturel, turbot.
- 18 fruits de mer : bulot, calamar, clovisse, coque, coquille Saint-Jacques, crabe, crevette, crevette grise, gamba, homard, huître, langouste, langoustine, moule, oursin, poulpe, seiche, tourteau.
- 11 volailles : autruche, caille, coquelet, foie de volaille, dinde, lapin, pigeon, pintade, poulet,
- 2 œufs : de poule et de caille.
- 6 laitages : yaourt maigre blanc ou aromatisé à l'aspartam, fromage blanc maigre, fromage en faisselle, petit-suisse, carré Gervais™, lait écrémé.

28 légumes

Artichaut, asperge, aubergine, betterave, blette, brocoli, carotte, céleri, champignon, tous les choux (de Bruxelles, fleurs, raves, rouges), cœur de palmier, concombre, courgette, endive, épinard, fenouil, frisée, haricot vert, navet, oignon, oseille, poireau, poivron, potiron, radis, toutes les salades vertes, soja, tomate.

LES PROTÉINES MOTEUR DE MON RÉGIME

Pour ceux qui ne connaissent pas mon régime et qui n'ont pas lu *Je ne sais pas maigrir*, corpus achevé de ma méthode, il me faut reprendre succinctement les éléments qui fondent l'intérêt et le mode d'action particulier de ce plan et qui ont fait l'objet d'un chapitre dans mon précédent ouvrage.

Que contient-il et comment fonctionne-t-il ?

Son axe central, dont la confection a occupé une bonne partie de ma vie de praticien et par lequel mon voyage sur la nutrition a commencé, est celui des « protéines ».

En 1970, je lançais en France le premier régime fondé sur ce nutriment exclusif. J'ai eu beaucoup de mal à faire accepter l'isolement d'un nutriment, rupture brutale avec le dogme des basses calories qui régnait sans partage à cette époque. Aujourd'hui, il a enfin pris sa place parmi les armes opposées au surpoids. À mon sens, il n'a pas encore trouvé sa vraie place, la première sans conteste. Il est le moteur de tout vrai régime, utilisé seul pendant quelques jours pour lancer la fusée, car un régime qui ne décolle pas est un régime mort.

La théorie ambiante, extrêmement conservatrice et insensible à l'entêtement des résultats et des statistiques, en reste encore à cette stratégie qui a fait, fait et fera et refera toujours, toujours, et toujours plus de gros chaque année : le régime des basses calories, de tout en petite quantité.

Des confrères de qualité, qui campent sur cette position, psychiatrisent le débat, prétextant que la privation est grossissante, que les régimes commencent par faire maigrir, très vite pour les débutants, puis, en symétrie à ces descentes rapides, succèdent des remontées tout aussi rapides et souvent avec prime et ascension en yo-yo. Le régime serait une manière de grossir programmée.

Ces cas existent, il m'arrive de les rencontrer, mais ils sont loin d'être la règle et sont, soit issus de régimes stupides, comme celui de la soupe ou celui de Beverly Hills aux fruits exotiques, soit de régimes basses calories très longs et frustrants, soit de régimes des sachets de poudre, ces derniers étant d'une double violence, métabolique par l'usage d'un nutriment pur à 98 %, comportementale par une alimentation limitée à des poudres industrielles.

Le facteur commun de tous ces régimes à récidive est l'absence totale et bilatérale de stabilisation, tant des intervenants avec des conseils de bon sens comme « faites attention », « surveillez votre alimentation », « ne mangez pas trop », recommandations de pure forme, que des patients qui veulent y croire se sentent encore de l'ardeur et tant de contentement d'avoir maigri qu'ils s'estiment hors de risques. Bien évidemment, les deux se trompent. Seul un vrai plan de veille avec des règles précises, concrètes, faciles à mémoriser, inscrites dans des rituels, efficaces, des ripostes graduées programmées en barrages successifs sur la route de la reprise, prouvant au fil des semaines et des mois qu'elles suffisent à maîtriser le poids, seule une action aussi globale, concertée et sûre d'elle peut s'opposer à ces échecs et rechutes.

Faire la guerre à certains régimes, oui ! À tous indistinctement, non ! Ce serait jeter le bébé avec l'eau du bain. Parmi tous ces régimes trop efficaces, trop violents, trop contre-nature, il faut contrôler le régime des sachets de poudre de protéines, en tout cas le laisser aux seules mains des médecins, voire des psychiatres.

À ce propos, j'aimerais vous narrer une anecdote authentique qui vous amusera certainement et vous en dira long sur ce que je pense des protéines industrielles.

Au cours de l'hiver 1973, ma secrétaire me passe un appel téléphonique d'une personne que je ne connais pas et qui, armé d'un fort accent scandinave, m'apprend qu'ayant un jour acheté dans une gare un de mes ouvrages, l'a lu et a perdu facilement, sans trop d'effort ni de souffrance et en mangeant à sa faim, un très fort excédent de poids.

« Je suis de passage à Paris et j'aimerais vous rencontrer pour vous serrer la main et vous remercier de vive voix. »

Quelques heures plus tard, voilà une sorte de géant nordique d'une cinquantaine d'années qui prend place dans mon bureau.

« Sans le savoir, vous avez changé ma vie. En guise de remerciement, je tenais à vous faire un cadeau. »

Et il sort d'un sac de voyage et pose sur mon bureau un magnifique et impressionnant saumon.

« Je possède de nombreux élevages de saumon en Norvège et, ce poisson, une des plus belles pièces de mon fjord préféré, a été péché pour vous et fumé à l'ancienne au bois de forêt. »

J'adore le saumon et le remercie de tout cœur.

« Ce n'est qu'une bagatelle, un clin d'œil de mes forêts. Le vrai cadeau, le voilà. »

Et il sort de son sac à malices une boîte cylindrique en aluminium de la taille d'une boîte à chapeau et sans aucune inscription apparente.

« Docteur, savez-vous ce qu'il y a dans cette boîte ?

— ?

— Il y a votre fortune ! »

Et il lève le couvercle de sa boîte découvrant une masse de poudre blanche.

« Je m'explique. Je contrôle de nombreuses laiteries aux Pays-Bas. Nous produisons du beurre, mais nous ne savons que faire du babeurre, son principal sous-produit qui va aux cochons. Or, dans ce babeurre, savez-vous ce qu'il y a ? Des globulines solubles du lait, des protéines à l'état pur ! Je vous propose de mettre à votre disposition ces tonnes de protéines en poudre pour en faire des sachets pour maigrir. »

Cet homme était un visionnaire industriel. Dix ans plus tard, les protéines en poudre sont devenues le produit minceur le plus vendu au monde.

« Merci infiniment pour votre saumon, je vais me régaler en pensant à vous et à vos fjords. Mais je ne suis pas preneur de la boîte et ni son contenu, ce n'est pas ainsi que je veux défendre mes protéines. Votre premier cadeau, peut-être ne le savez-vous pas, votre si extraordinaire saumon est, lui aussi, un gisement de protéines. Autant j'aime le saumon et me prépare déjà mentalement à le montrer à ma famille et à le consommer avec bonheur, autant, je répugnerai à le consommer sous forme de poudre. Et ce que je ne veux pas pour moi, pourquoi tenterais-je de le faire accepter à mes patients et ceux qui me font confiance ? »

Revenons à mon plan Protal, tel qu'il existe aujourd'hui.

C'est un plan composé de quatre régimes successifs qui s'articulent les uns avec les autres pour conduire celui qui désire maigrir au poids fixé et y rester.

Ces quatre régimes successifs et d'efficacité décroissante sont conçus ainsi :

- le premier en un démarrage éclair assure une perte de poids intense et stimulante ;
- le deuxième permet un amaigrissement régulier conduisant d'un seul tenant jusqu'au poids désiré ;
- le troisième assure une consolidation du poids fraîchement acquis et encore instable pendant une durée fixée à 10 jours pour chaque kilo perdu ;
- le quatrième constitue une stabilisation définitive au prix d'une journée hebdomadaire de régime à conserver tout le reste de la vie.

Chacun de ces quatre régimes a son propre mode d'action et une mission particulière à accomplir, mais tous quatre tirent leur force et leur efficacité décroissantes de l'utilisation des protéines pures en attaque, alternatives en croisière, équilibrées en consolidation et, enfin, hebdomadaires en stabilisation définitive.

C'est avec ce régime utilisé seul et sans partage, sur une durée variant selon le cas de 2 à 7 jours, que Protal démarre en créant un superbe effet de surprise.

C'est ce même régime qui, utilisé en alternance, confère sa puissance et son rythme au régime des Protéines Alternatives menant d'un seul tenant au poids désiré.

C'est lui encore qui, utilisé ponctuellement, constitue le pilier de la phase de consolidation, période de transition entre l'amaigrissement pur et dur et le retour à une alimentation normale.

C'est lui enfin qui, en une seule journée par semaine mais pour le reste de la vie, offre une stabilisation définitive permettant, en échange de cet effort ponctuel, de vivre en se nourrissant sans sentiment de culpabilité et sans restriction particulière les six autres jours de la semaine.

Si le régime des protéines pures est le moteur du plan Protal et de ses quatre régimes intégrés, il nous faut maintenant, avant de passer à la mise en pratique, décrire son mode d'action très particulier, en expliquer l'impressionnante efficacité et, surtout, sa durabilité, sa stabilisation, afin d'en exploiter toutes les ressources.

Comment fonctionne le régime des protéines pures, celui par lequel tout commence et qui sert de socle aux trois autres et à l'avenir stable de votre poids ?

1. CE RÉGIME NE DOIT APPORTER QUE DES PROTÉINES

Où trouve-t-on les protéines pures ?

Les protéines forment la trame de la matière vivante, tant animale que végétale, cela signifie qu'on les trouve dans la plupart des aliments connus. Le régime des protéines, pour développer son mode d'action spécifique et toutes ses potentialités, doit être composé d'aliments aussi riches que possible en protéines. En pratique, mis à part le blanc d'œuf, aucun aliment ne dispose de cette pureté.

Les végétaux, aussi protéinés soient-ils, sont toujours trop riches en glucides. C'est le cas de toutes les céréales et de tous les farineux, légumineux et divers féculents, y compris le soja, connu pour la qualité de ses protéines mais trop gras et trop riche en glucides : ce qui rend tous ces végétaux inutilisables ici.

Il en va de même des aliments d'origine animale, plus protéinés que les végétaux, mais dont la plupart sont trop gras. Il en va ainsi du porc, du mouton et de l'agneau, de certaines volailles trop grasses, comme le canard et l'oie, de nombreux morceaux du bœuf et du veau.

Il existe cependant un certain nombre d'aliments d'origine essentiellement animale qui, sans atteindre la pureté protéique – que nous ne souhaitons pas intégrale –, s'en rapprochent et qui, de ce fait, seront les principaux acteurs du régime Protal.

• Le bœuf, à l'exception de l'entrecôte, de la côte et de tous les morceaux à braiser.
• Le veau à griller.
• Les volailles, à l'exception du canard et de l'oie.
• Tous les poissons, y compris les poissons bleus dont la graisse, éminemment protectrice pour le cœur et les artères humaines, les rendent acceptables ici.
• Les crustacés et les coquillages.
• Les œufs, dont la pureté protéique du blanc est entachée par la légère teneur en graisse du jaune.
• Les laitages maigres sont très riches en protéines et totalement dépourvus de matières grasses.

Ils contiennent néanmoins une petite quantité de glucides. La faiblesse de cette teneur en glucides – relativement lents – et la qualité gustative de ces aliments leur permettent cependant de conserver leur place dans notre sélection d'aliments essentiellement protéinés qui composent la force de frappe du plan Protal.

La pureté des protéines réduit leur apport calorique

Toutes les espèces animales se nourrissent d'aliments composés d'un mélange des trois seuls nutriments connus : les protéines, les lipides et les glucides. Mais, pour chaque espèce, il existe une proportion idéale et spécifique de ces trois nutriments. Chez l'homme, elle est schématiquement de 5-3-2, soit 5 parts de glucides, 3 parts de lipides et 2 parts de protéines : composition assez proche de celle du lait maternel.

Lorsque la composition du bol alimentaire respecte ce chiffre d'or spécifique, l'assimilation des calories dans l'intestin grêle s'effectue avec une efficacité maximale, et son rendement est tel qu'il peut faciliter la prise de poids. On dit que le corps profite.

À l'inverse, il suffit de modifier cette proportion optimale pour perturber l'absorption des calories et réduire d'autant le rendement des aliments. Sur le plan théorique, la modification la plus radicale qui puisse se concevoir – celle qui réduirait le plus intensément l'absorption des calories – serait de restreindre l'alimentation à la consommation d'un seul nutriment.

En pratique, bien que cela ait été tenté aux États-Unis pour les glucides (régime de Beverly Hills n'autorisant que des fruits exotiques) et avec les lipides (régime Esquimau), l'alimentation réduite aux seuls sucres ou aux seules graisses est difficilement réalisable et lourde de conséquences. L'excès de sucre facilite l'apparition du diabète. L'excès de graisse encrasse le cœur et ses artères.

De plus, l'absence de protéines indispensables à la vie obligerait l'organisme à les prélever sur ses réserves musculaires.

L'alimentation limitée à un seul nutriment n'est donc concevable que pour les protéines, solution acceptable sur le plan gustatif, évitant le risque d'encrassement artériel et qui, par définition, exclut toute carence protidique.

Lorsque l'on parvient à instaurer une alimentation ciblée sur des aliments à très haute teneur en protéines, l'intestin grêle, chargé d'extraire les calories, a du mal à travailler sur un bol alimentaire pour lequel il n'est pas programmé. Il ne peut profiter pleinement de son contenu calorique. Il se retrouve dans la situation d'un moteur deux-temps conçu pour fonctionner avec un mélange d'essence et d'huile que l'on tenterait de faire marcher avec de l'essence pure et qui, après avoir pétaradé, s'étoufferait faute de pouvoir utiliser son carburant.

Que fait l'organisme dans ces conditions ? Il puise ce qui est vital, les protéines indispensables à l'entretien de ses organes (muscles, globules, peau, cheveux, ongles), et laisse passer, sans l'utiliser, le reste des calories fournies.

L'assimilation des protéines est un travail coûteux qui nécessite une forte dépense calorique

Pour comprendre cette deuxième propriété des protéines qui contribue à l'efficacité de Protal, il est indispensable de se familiariser avec la notion d'ADS – Action Dynamique Spécifique des aliments. L'ADS représente l'effort ou la dépense que doit investir l'organisme pour désintégrer un aliment jusqu'à le réduire à l'état de chaînon de base, seule forme sous laquelle il est admis à passer dans le sang. Cela nécessite un travail dont l'importance varie avec la consistance et la nature chimique de l'aliment.

Lorsque vous consommez 100 calories de sucre de table, glucide rapide par excellence, composé de molécules simples et peu agrégées, vous l'absorbez rapidement, et ce travail ne coûte que 7 calories à l'organisme. Il en reste donc 93 qui sont utilisables. L'ADS des hydrates de carbone est de 7 %.

Lorsque vous consommez 100 calories de beurre ou d'huile, l'assimilation est un peu plus laborieuse, et ce travail vous coûte 12 calories, ne laissant à l'organisme que 88 calories résiduelles. L'ADS des lipides passe alors à 12 %.

Enfin, pour assimiler 100 calories de protéines pures, blanc d'œuf, poisson maigre ou fromage blanc maigre, l'addition est énorme, car les protéines sont composées d'un agrégat de très longues chaînes de molécules dont les chaînons de base, les acides aminés, sont liés entre eux par un ciment fort qui exige un travail infiniment plus coûteux. Cette dépense calorique de simple absorption est de 30 calories, ne laissant plus à l'organisme que 70 calories, soit un ADS de 30 %.

L'assimilation des protéines, véritable travail interne, est responsable d'un dégagement de chaleur et d'une élévation de la température du corps, qui explique pourquoi il est déconseillé de se baigner en eau fraîche juste après un repas riche en protéines, l'écart de température pouvant occasionner une hydrocution.

Cette caractéristique des protéines, gênante pour les baigneurs pressés, représente une bénédiction pour le gros si doué dans l'art d'assimiler les calories. Elle va lui permettre de réaliser une économie indolore qui lui permettra de se nourrir plus confortablement sans en subir la sanction immédiate.

En fin de journée, pour une consommation protéique de 1500 calories, ce qui représente un apport substantiel, il ne reste plus dans l'organisme après digestion que 1000 calories. C'est là l'une des clefs du régime Protal et l'une des raisons structurelles de son efficacité. Mais ce n'est pas tout…

Les protéines pures réduisent l'appétit

L'ingestion d'aliments sucrés ou de corps gras, facilement digérés et assimilés, génère une satiété superficielle, vite submergée par le retour de la faim. Des études récentes ont ainsi prouvé que le grignotage d'aliments sucrés ou gras ne retardait ni la survenue de la faim, ni les quantités ingérées lors du repas. En revanche, le grignotage effectué avec des aliments protéinés différait l'heure du repas suivant et réduisait les quantités ingérées.

De plus, la consommation exclusive d'aliments protéinés entraîne la production de corps cétoniques, puissants coupe-faim naturels responsables d'une satiété durable. Après deux à trois jours d'une alimentation limitée à des protéines pures, la faim disparaît totalement, et Protal peut être poursuivi en évitant la menace naturelle qui pèse sur la plupart des autres régimes: la faim.

Les protéines pures combattent l'œdème et la rétention d'eau

Certains régimes ou types d'alimentation sont connus pour être «hydrophiles» et favoriser la rétention d'eau et les gonflements qui en sont la conséquence immédiate : c'est le cas des régimes à dominante végétale, riches en fruits, en légumes et en sels minéraux.

Les alimentations riches en protéines sont à l'opposé des régimes plutôt «hydrofuges» facilitant l'élimination urinaire et donc l'assèchement des tissus gorgés d'eau, si préoccupants en période prémenstruelle ou au cours de la préménopause.

Le régime d'attaque de Protal, composé de protéines aussi pures que possible, possède cette propriété à son plus haut niveau.

Cette caractéristique représente un avantage tout particulier pour la femme. En effet, lorsqu'un homme grossit, c'est principalement parce qu'il mange trop et stocke sous forme de graisse son excédent calorique. Chez la femme, le mécanisme de prise de poids est souvent plus complexe et associé à une rétention d'eau qui freine et réduit les performances des régimes.

À certains moments du cycle menstruel, lors des quatre à cinq jours qui précèdent les règles ou à certains carrefours de la vie féminine, puberté anarchique, préménopause interminable, ou même au cœur de la vie génitale sous l'effet de désordres hormonaux, les femmes, surtout celles qui sont en surcharge, se mettent à retenir l'eau et se sentent devenir spongieuses, ballonnées, gonflées, ne pouvant ôter les bagues de leurs doigts boudinés et sentant leurs jambes lourdes et leurs chevilles enflées. Cette rétention s'accompagne d'une prise de poids habituellement réversible, mais qui peut devenir chronique.

Il arrive même que ces femmes, pour retrouver leur ligne et éviter cet empâtement, se mettent au régime et constatent avec surprise que les petits moyens qui venaient habituellement à bout de ces surcharges demeurent inopérants.

Dans tous ces cas qui ne sont pas si rares, les protéines pures, telles qu'on les trouve assemblées dans le régime d'attaque de Protal, ont une action à la fois décisive et immédiate. En quelques jours, voire même en quelques heures, les tissus gorgés d'eau s'assèchent avec une sensation de bien-être et de légèreté qui se répercute aussitôt sur la balance et renforce la motivation.

Les protéines pures augmentent la résistance de l'organisme

Il s'agit là d'une propriété bien connue des nutritionnistes et remarquée depuis toujours par le profane. Avant l'éradication antibiotique de la tuberculose, l'une des bases classique du traitement était la suralimentation avec augmentation notable de la proportion des protéines. À Berck, on forçait même les jeunes adolescents à boire du sang animal. Aujourd'hui, les entraîneurs conseillent une alimentation à forte teneur protéique aux sportifs qui sollicitent beaucoup leur organisme. Les médecins en font autant pour augmenter la résistance à l'infection, dans les anémies, ou pour accélérer la cicatrisation des plaies.

Il est utile de se servir de cet avantage, car l'amaigrissement, quel qu'il soit, affaiblit toujours un peu l'organisme. J'ai remarqué que la période inaugurale de Protal composée exclusivement de protéines aussi pures que possible était sa phase la plus stimulante. Certains patients m'ont même signalé qu'elle avait sur eux un effet euphorisant, tant physique que mental et, ceci, dès la fin de la deuxième journée.

Les protéines pures du régime Protal permettent de maigrir sans perte musculaire ni ramollissement de la peau

Ce constat n'a rien de surprenant si l'on sait que la peau, son tissu élastique ainsi que l'ensemble des muscles de l'organisme, sont essentiellement constitués de protéines. Un régime pauvre en protéines obligerait le corps à prendre celles de ses propres muscles et de sa peau faisant perdre à cette dernière son élasticité, sans parler de la fragilisation des os souvent déjà menacés de la femme ménopausée. La conjugaison de ces effets produit un vieillissement des tissus, de la peau, des cheveux et de l'apparence générale, remarqués par l'entourage et qui peut à lui seul faire interrompre le régime.

À l'inverse, un régime riche en protéines et a fortiori, un régime composé exclusivement de protéines comme celui qui inaugure Protal, a peu de raisons de s'attaquer aux réserves de l'organisme puisqu'il en fournit massivement. Dans ces conditions, l'amaigrissement rapide et tonifiant conserve aux muscles leur fermeté, à la peau son éclat et permet de maigrir sans être trop marqué.

Cette particularité du régime Protal peut paraître secondaire aux femmes jeunes et rondes, musclées et à peau épaisse, mais elle devient capitale pour celles qui s'approchent de la ménopause ou qui possèdent une musculature réduite ou une peau délicate et fine. Car, c'est l'occasion d'en parler, on voit aujourd'hui trop de personnes qui gèrent leur silhouette avec pour seul repère la balance. Le poids ne peut et ne doit pas jouer ce rôle exclusif, l'éclat de la peau, la consistance des tissus et la tonicité générale du corps sont autant de paramètres qui interfèrent dans l'image extérieure d'une femme.

2. CE RÉGIME DOIT ÊTRE TRÈS RICHE EN EAU

Le problème de l'eau est toujours un peu déroutant. Des on-dit, des bruits circulent à son sujet, mais souvent, il se trouve un avis « autorisé » pour affirmer le contraire de ce que vous avez entendu la veille.

Or, le problème de l'eau n'est pas un simple concept de marketing diététique, un hochet destiné à amuser les candidats à l'amaigrissement. C'est une question de première importance qui, malgré l'immense effort combiné de la presse, des médecins, des marchands et du simple bon sens n'a jamais réellement convaincu le public et, en particulier, le sujet au régime.

Pour simplifier, il peut sembler essentiel et prioritaire de brûler ses calories pour obtenir une fonte des réserves de graisses, mais cette combustion pour nécessaire qu'elle soit n'est pas suffisante. Maigrir, c'est tout autant brûler qu'éliminer.

Que penserait une ménagère d'une lessive ou d'une vaisselle lavée mais non rincée ? Il en va de même d'un amaigrissement, et il est indispensable que sur ce sujet précis, les choses soient claires. Un régime qui ne s'accompagne pas d'une ration d'eau suffisante est un mauvais régime, car non seulement il est peu efficace, mais il s'accompagne d'une accumulation de déchets nuisibles.

L'eau purifie et améliore les résultats du régime

Un simple constat d'évidence montre que plus on boit, plus on urine et plus le rein a la possibilité d'éliminer les déchets provenant des aliments brûlés. L'eau est donc le meilleur des diurétiques naturels. Il est surprenant de constater combien peu de gens boivent suffisamment.

Les mille sollicitations du quotidien retardent puis finissent par occulter la sensation naturelle de soif. Les jours et les mois passants, celle-ci disparaît et ne joue plus son rôle d'avertisseur de la déshydratation des tissus.

Bien des femmes, aux vessies plus sensibles et petites que celles des hommes, hésitent à boire pour éviter les déplacements incessants, ou les besoins intempestifs lors d'occupation professionnelle, au cours des transports, ou même par allergie aux toilettes communes.

Or, ce qui peut être accepté dans des conditions ordinaires ne l'est plus au cours d'un régime amaigrissant et si les arguments d'hygiène s'avèrent illusoires, il en existe un qui finit toujours par convaincre, c'est celui-ci :

Tenter de maigrir sans boire est non seulement toxique pour l'organisme, mais peut aller jusqu'à réduire ou même bloquer totalement la perte de poids et réduire à néant bien des efforts. Pourquoi ?

Parce que le moteur humain qui consume ses graisses au cours d'un régime fonctionne comme n'importe quel moteur à combustion. L'énergie brûlée dégage de la chaleur et des déchets.

Si ces déchets ne sont pas régulièrement éliminés en amont par le rein, leur accumulation en aval finit tôt ou tard par interrompre la combustion et interdire toute perte de poids et ceci même lors d'un régime parfaitement suivi. Il en irait de même pour un moteur de voiture dont on obturerait le pot d'échappement ou d'un feu de cheminée dont on ne nettoierait pas les cendres, tous deux finiraient par s'étouffer et s'éteindre sous l'amoncellement des déchets.

Les errances nutritionnelles de l'obèse et l'accumulation de mauvais traitements et de régimes excessifs ou incohérents finissent par rendre ses reins paresseux. Plus que tout autre, il a donc besoin d'importantes quantités d'eau pour remettre en fonction ses organes d'excrétion.

Au début, l'opération peut sembler désagréable et fastidieuse, surtout l'hiver, mais, en insistant, l'habitude finit par s'installer qui, renforcée par l'agréable sensation de se laver intérieurement et de mieux maigrir, finit souvent par redevenir un besoin.

Eau et protéines pures conjuguées exercent une puissante action de dessalement de la cellulite

Cette propriété ne concerne que les femmes, car la cellulite est une graisse sous influence hormonale qui s'accumule et demeure emprisonnée aux endroits les plus féminins de l'organisme : les cuisses, les hanches et les genoux.

Dans cette affection rebelle où le régime est bien souvent impuissant, j'ai observé que le régime des protéines pures couplé à une réduction du sel et à une consommation intensifiée d'eau peu minéralisée permettait d'obtenir une perte de poids plus harmonieuse, avec amincissement modéré mais réel de zones aussi rebelles que la culotte de cheval ou l'intérieur des genoux.

Comparé à d'autres régimes suivis par une même patiente à des moments différents de sa vie, cette combinaison est celle qui, pour un même poids perdu, fournit la meilleure réduction globale du tour de bassin et de cuisses.

Ces résultats s'expliquent par l'effet hydrofuge des protéines et l'intense filtration du rein sous l'apport massif d'eau. L'eau pénètre tous les tissus, y compris dans la cellulite. Elle y entre pure et vierge et en ressort salée et chargée de déchets. À cette action de dessalement et de dégorgement s'ajoute le puissant effet de combustion des protéines pures, le tout concourant à une action, certes modeste et partielle, mais rare et se distinguant de la plupart des autres régimes qui n'ont aucun effet propre sur la cellulite.

À quels moments faut-il boire cette eau ?

De multiples reliquats d'information d'un autre âge mais encore en vigueur dans l'inconscient collectif persistent à laisser croire qu'il est préférable de boire en dehors des repas pour éviter la séquestration de l'eau par les aliments.

Non seulement ceci n'a pas de fondement physiologique, mais dans bien des cas cela fonctionne à contre-emploi. Ne pas boire au cours des repas, au moment où la soif survient et où il est si facile et agréable de boire, fait peser le risque d'étancher la soif et, sous le feu des activités quotidiennes, d'oublier de s'hydrater le reste de la journée.

Lors du régime Protal et tout spécialement au cours de sa période d'attaque par les protéines alternatives, il est indispensable, sauf cas exceptionnel de rétention d'eau d'origine hormonale ou d'insuffisance rénale, de boire un litre et demi d'eau par jour, si possible de l'eau minérale mais aussi sous n'importe quelle autre forme de liquide, thé, café ou tisane.

Un bol de thé au petit déjeuner, un grand verre dans la matinée, deux autres au déjeuner et un café en fin de repas, un verre dans l'après-midi et deux verres au dîner, voilà deux litres facilement bus.

De nombreuses patientes m'ont affirmé que pour boire sans soif, elles avaient pris l'habitude peu élégante, mais d'après elles efficace, de boire directement à la bouteille.

Quelle eau faut-il boire ?

• Les eaux les plus appropriées à la période d'attaque, purement protéinée du régime Protal, sont des eaux peu minéralisées, légèrement diurétiques et laxatives. Les plus connues sont les eaux de Vittel, de Contrexéville, d'Évian ou de Volvic. Évitez donc les eaux de Vichy et de Badoit qui sont de bonnes eaux mais qui sont trop salées pour être bues en si grandes quantités.

• L'Hydroxydase est une eau de source très utile dans les régimes de désintoxication, et surtout dans les cas de surcharge pondérale associée à une cellulite diffuse des membres inférieurs. Elle est vendue en pharmacie, et peut être associée au régime Protal en prenant un seul flacon le matin à jeun.

• Pour ceux qui ont l'habitude de boire de l'eau du robinet, ils peuvent continuer, l'essentiel résidant davantage dans la quantité bue, suffisante à elle seule à réveiller le rein, que dans la composition particulière de cette eau.

• Il en va de même de toutes les infusions et tisanes, thé verveine, tilleul ou menthe diverses, qui séduiront ceux qui sont habitués à leur rituel de tasse et surtout qui préfèrent boire chaud, notamment en hiver.

• En ce qui concerne les sodas light et tout particulièrement le Coca light dont la diffusion égale aujourd'hui celle du Coca normal, il est autorisé, et j'ai pris l'habitude de le conseiller au cours des régimes amaigrissants pour plusieurs raisons. Tout d'abord, il permet bien souvent de boucler les deux litres de liquides préconisés. De plus, sa teneur en sucres et en calories est pratiquement nulle, une calorie par verre équivaut à peine à la valeur d'une cacahuète par bouteille familiale. Enfin et surtout, le Coca light est, tout comme le traditionnel, un mélange savant de saveurs intenses dont l'usage répété, notamment chez le grignoteur en mal de sensations de sucré, peut en réduire l'envie. Bien des patientes m'ont affirmé avoir été aidées au cours de leur régime par l'usage réconfortant et ludique de ces sodas light.

Une seule exception à l'usage du soda light, le régime de l'enfant ou de l'adolescent dont l'expérience prouve qu'à ces âges, l'effet de substitution du « faux sucre » joue mal son rôle et ne réduit que très peu la demande de sucré. Cet usage non limité du sucré peut installer une habitude de boire sans soif, pour le seul plaisir, habitude pouvant prédisposer à des dépendances ultérieures plus préoccupantes.

Enfin, l'eau est un authentique rassasiant naturel

Dans le langage courant, on assimile souvent la sensation de creux à l'estomac à celle de faim, ce qui n'est pas tout à fait faux. L'eau bue au cours du repas et mêlée aux aliments augmente le volume total du bol alimentaire et crée une distension de l'estomac et une sensation de réplétion qui sont les premiers signes du rassasiement et de la satiété. Raison supplémentaire de boire à table, mais l'expérience prouve que cet effet d'occupation et de gestuelle de mise en bouche fonctionne aussi en dehors des repas. Par exemple, au cours de la zone horaire la plus dangereuse de la journée, entre 17 et 20 heures, absorber un grand verre de boisson quelle qu'elle soit suffit bien souvent à modérer des envies alimentaires.

Aujourd'hui, de par le monde, la faim a trouvé un nouveau champ d'application, maintenant sa pression sur les peuples déshérités en proie à la famine pour assaillir, de manière certes futile et épisodique mais cuisante, l'Occidental affamé de cette gamme infinie d'aliments qu'il possède mais auxquels il ne peut toucher sans vieillir ou périr.

Il est surprenant de constater qu'à l'heure où individus, institutions et laboratoires pharmaceutiques rêvent de découvrir le coupe-faim idéal et efficace, il y a une majorité d'êtres puissamment concernés qui refusent d'utiliser un moyen aussi simple, pur et avéré que l'eau pour apaiser leur appétit.

3. CE RÉGIME DOIT ÊTRE PAUVRE EN SEL

Le sel est un élément indispensable à la vie, et il est présent à des degrés divers dans n'importe quel aliment. Aussi, le sel d'ajout est toujours superflu, ce n'est qu'un condiment qui améliore le goût des aliments, aiguise l'appétit et s'utilise trop souvent par habitude.

Le régime pauvre en sel ne présente aucun danger

On peut et l'on devrait même vivre toute la vie avec un régime pauvre en sel. Cardiaques, insuffisants rénaux et hypertendus vivent en permanence avec un régime pauvre en sel, sans jamais présenter de carences. Une précaution concerne cependant les sujets naturellement hypotendus habitués à vivre avec une tension basse. Un régime trop restreint en sel, surtout s'il est conjugué à une forte consommation d'eau, peut augmenter la filtration du sang, réduire son volume et abaisser encore la tension artérielle, ce qui risque d'occasionner fatigue et sensations de vertige au lever rapide. Ces personnes se contenteront de ne pas resaler et éviteront de boire plus d'un litre et demi d'eau par jour.

Une alimentation trop salée, en revanche, retient et fixe l'eau dans les tissus

Dans les pays chauds, on distribue régulièrement des cachets de sel aux travailleurs pour éviter leur déshydratation au soleil.

Chez la femme, notamment celles qui se trouvent sous forte influence hormonale, en période prémenstruelle, en préménopause, ou même au cours de la grossesse, de nombreuses parties du corps peuvent devenir spongieuses et retenir des quantités impressionnantes d'eau.

Chez ces femmes, Protal, régime hydrofuge par excellence, développe sa pleine efficacité si l'on réduit au minimum la quantité de sel absorbée, ce qui permet à l'eau bue de traverser plus rapidement l'organisme, mesure en tout point comparable à celle qui est imposée lors d'un traitement à la cortisone. À ce sujet, on entend souvent des personnes se plaindre de pouvoir prendre un voire deux kilos en une soirée à la suite d'un écart de régime important. Il arrive même qu'une telle prise de poids ne soit pas même justifiée par un réel écart de régime. Lorsque l'on analyse ce repas déclencheur, on ne retrouve jamais la quantité d'aliments correspondant à la prise de deux authentiques kilos, soit 18 000 calories impossibles à ingérer en un si court laps de temps. Il s'agit seulement de la conjonction d'un repas trop salé et arrosé, sel et alcool conjuguant leurs effets pour ralentir la traversée de l'eau bue. Il ne faut jamais oublier qu'un litre d'eau pèse un kilo et que 9 grammes de sel en fixent un litre dans les tissus pendant un jour ou deux.

Ceci étant, si, en cours de régime, une raison impérieuse vous impose un repas professionnel ou familial qui oblige à déroger aux consignes, évitez à la fois de trop saler, de trop boire et surtout de vous peser le lendemain matin, car une prise de poids brutale et injustifiée risque de vous décourager et de miner votre détermination et votre confiance. Attendez le lendemain ou mieux le surlendemain en intensifiant le régime, la boisson d'eau peu minéralisée et la restriction de sel, trois mesures suffisantes pour retrouver le poids antérieur.

Le sel aiguise l'appétit et sa réduction l'apaise

Il s'agit là d'une constatation. Les mets salés majorent la salivation et l'acidité gastrique, ce qui aiguise l'appétit. À l'inverse, les mets peu salés stimulent peu les sécrétions digestives et n'ont pas d'action sur l'appétit. Malheureusement, l'absence de sel calme aussi la soif, et le sujet au régime Protal doit accepter de s'imposer un haut niveau de boisson dans les premiers jours de manière à amorcer le besoin d'eau et le retour progressif de la soif naturelle.

EN CONCLUSION

Le régime des protéines pures, régime inaugural et moteur principal des quatre régimes intégrés qui composent Protal, n'est pas comme les autres. C'est le seul qui n'utilise qu'une famille de nutriments et qu'une catégorie bien définie d'aliments à teneur maximale en protéines.

Dans ce régime et tout au long du déploiement du plan Protal, toute référence aux calories et à leur décompte doit être abandonnée. En consommer peu ou beaucoup ne modifie pas les résultats, l'essentiel est de rester à l'intérieur de cette catégorie d'aliments.

Protal est même l'unique régime dont le secret revendiqué est de manger beaucoup, voire de manger préventivement, avant que la faim ne survienne, faim devenue alors incontrôlable qui ne se contentera plus alors des protéines autorisées et entraînera l'imprudent vers des aliments de pure gratification, des aliments de faible valeur nutritionnelle mais à forte charge émotionnelle, du sucré et de l'onctueux, riches et déstabilisants.

L'efficacité de Protal est donc tout entière liée à la sélection des produits, foudroyante tant que l'alimentation est limitée à cette catégorie d'aliments, mais fortement ralentie et ramenée à la triste règle du décompte des calories si l'alimentation s'en échappe.

C'est donc un régime qui ne peut être fait à moitié. Il répond à la grande loi du tout ou rien, qui explique son efficacité métabolique, ainsi que son formidable impact psychologique sur le gros qui, lui aussi, fonctionne selon cette même loi des extrêmes.

Tempérament excessif par excellence, aussi ascétique dans l'effort que relâché dans ses abandons, le gros trouve dans ce régime une démarche à sa mesure dans chacune des quatre étapes de Protal.

Ces affinités entre profil psychologique et structure du régime créent une rencontre dont l'importance est difficile à comprendre pour le profane mais qui, sur le terrain, est décisive. Cette adaptation réciproque génère une forte adhésion au régime qui facilite l'amaigrissement et prend toute sa mesure au stade de la stabilisation ultime, lorsque tout repose sur un seul jour de régime protéines par semaine, un jour de rédemption, une frappe toute aussi ponctuelle qu'efficace et qui, seule et sous cette forme, peut être acceptée par tous ceux qui luttent depuis toujours contre leur prédisposition à la surcharge.

LES PLATS
À BASE DE
PROTÉINES
PURES

LES VOLAILLES

Ailes de poulet croustillantes

Préparation : 10 min – Cuisson : 20 min
Pour 2 personnes

- 3 paires d'ailes de poulet
- 1 petit verre de sauce soja
- 1 gousse d'ail pressée
- 1 cuiller à soupe d'Hermesetas® liquide
- 4 cuillers à café de cinq parfums (badiane, clou de girofle, poivre, cannelle, fenouil)
- 1 cuiller à café de gingembre frais haché

Mélanger tous les ingrédients dans un saladier. Laisser macérer 2 à 3 h en mélangeant une ou deux fois.
Mettre au four dans un plat à rôtir et cuire au gril. Quand les ailes de poulet commencent à chanter et à cloquer (5 à 10 min), les retourner et les laisser cuire encore 5 à 10 min.

Blancs de dinde en paquets

Préparation : 15 min – Cuisson : 30 min
Pour 4 personnes

- 4 blancs de dinde de 100 g
- 4 cuillers à soupe de moutarde
- 4 tranches de viande des Grisons
- herbes de Provence
- sel, poivre

Préchauffer le four à 180 °C – th. 6.
Dégraisser les blancs de dinde, si nécessaire, puis les déposer dans une papillote en papier d'aluminium. Enduire chaque blanc d'une cuiller à soupe de moutarde, les entourer d'une tranche de viande des Grisons et les saupoudrer d'herbes de Provence. Saler et poivrer.

Arroser la viande d'un peu d'eau, fermer les papillotes et les enfourner pendant 30 min.

Bouillon d'ailerons de poule aux moules

Préparation : 30 min – Cuisson : 2 h
Pour 6 personnes

- 2 oignons
- 1 tête d'ail
- 1,5 kg d'ailerons de volaille
- 2 échalotes
- 4 branches de céleri
- 1 bouquet garni
- 1 kg de moules
- 6 brins de ciboulette
- 6 brins de cerfeuil
- sel, poivre

Éplucher les oignons, les échalotes et la tête d'ail. Porter à ébullition 3 l d'eau légèrement salée. Y plonger les ailerons de poulet, les oignons, les échalotes, la tête d'ail, le céleri, le bouquet garni et le poivre. Couvrir la casserole et laisser cuire 2 h à feu très doux. Attention, un feu rapide ferait se troubler le bouillon. Une fois le bouillon cuit, décortiquer les moules et les ouvrir dans une sauteuse à feu très vif (3 min). Mettre le jus de cuisson à part et décortiquer les moules en prenant soin d'en garder quelques-unes pour décorer le bouillon. Filtrer le jus de cuisson. Répartir les moules dans des bols avec un peu de jus de cuisson. Passer ensuite le bouillon cuit (en enlevant les ailerons de volaille), le porter à ébullition, saler et poivrer. Pour terminer, verser le bouillon de poule sur les moules, parsemer de fines herbes et ajouter les quelques moules réservées pour la décoration.
Servir aussitôt.

Bouillon de poulet à la thaïe

Préparation : 15 min – Cuisson : 3 h
Pour 2 personnes

- 2 carcasses de poulet
- 2 l d'eau froide
- 1 oignon, coupé en quartiers
- 1 bouquet de tiges de coriandre hachées grossièrement
- 2 tiges de citronnelle fraîches, écrasées (la partie blanche seulement)
- 2 feuilles de lime de kéfir, émiettées (ou non)
- 1 cuiller à soupe de galanga (ou de gingembre) haché
- sel, poivre

Dans une marmite profonde, mettre les carcasses de poulet dans l'eau froide. Amener à ébullition et écumer.

Baisser le feu, ajouter le reste des ingrédients dans la marmite et laisser mijoter pendant 2 à 3 h.

La citronnelle et les feuilles de kéfir vont donner un goût citronné. Pour la coriandre, ne mettre que les tiges et les racines.

Brochettes de poulet à la moutarde

Préparation : 20 min – Cuisson : 15 min
Pour 4 personnes

- 4 blancs de poulet
- 2 cuillers à soupe de moutarde forte
- 1 cuiller à café de jus de citron
- 1/2 gousse d'ail hachée
- 25 cl d'eau chaude
- 1 cube de bouillon de poule dégraissé
- 5 cl de lait écrémé
- 1 cuiller à café de Maïzena®

Couper les blancs de poulet en gros morceaux et les mettre dans un saladier. Dans un bol, mélanger la moutarde, le jus de citron, l'ail, et le mélange eau chaude et le bouillon cube. Verser les trois quarts de la marinade sur le poulet. Bien mélanger et garder au réfrigérateur durant 2 h.

Au bout des 2 h, enfiler les morceaux de poulet sur des piques à brochette, et les faire rôtir à four chaud (th. 7) pendant 15 min.

Dans une petite casserole, verser le quart restant de la marinade et le lait dans lequel on aura délayé la Maïzena®. Réchauffer le tout, doucement, pour épaissir la sauce.

Brochettes de poulet au yaourt

Préparation : 30 min – Cuisson : 10 min
Pour 2 personnes

- 500 g de blanc de poulet
- 1 cuiller à café de curcuma
- 1 pointe de couteau de piment fort
- 1/2 cuiller à café de cumin en poudre
- 1/2 cuiller à café de coriandre en poudre
- 1 botte de petits oignons
- 2 yaourts 0 % MG
- 1/2 citron
- sel, poivre

Couper les blancs de poulet en morceaux. Les mettre dans un plat creux avec les épices et les yaourts. Bien mélanger. Couvrir et laisser mariner pendant 3 h au réfrigérateur.

Égoutter les morceaux de poulet et les enfiler sur des brochettes en bois en les alternant avec quelques quartiers d'oignons. Saler, poivrer. Faire cuire 10 min sous le gril du four.

Pendant ce temps, peler et hacher 2 oignons et les faire revenir 2 à 3 min dans une poêle à feu moyen. Les mixer avec la marinade. Chauffer doucement sans faire bouillir. Saler et poivrer et terminer par un filet de citron. Servir les brochettes aussitôt avec la sauce en accompagnement.

Brochettes de poulet aux épices

Préparation : 30 min – Cuisson : 10 min
Pour 5 personnes

- 1 kg de blanc de poulet
- 25 cl de yaourt 0 % MG
- 1 cuiller à café de piment en poudre
- 1 cuiller à café de curcuma
- 1 cuiller à café de cumin moulu
- 1 cuiller à café de poudre de coriandre
- 1 cuiller à café de gingembre râpé
- 1 gousse d'ail écrasée

Faire tremper 25 brochettes en bois dans un peu d'eau, ainsi elles ne brûleront pas à la cuisson. Dégraisser les filets de poulet et les couper en dés. Préparer la marinade avec le yaourt et toutes les épices.
Enfiler les morceaux de poulet sur les brochettes et les mettre dans un plat en les enrobant bien de marinade. Laisser plusieurs heures ou toute la nuit au réfrigérateur. Placer ensuite les brochettes sur une grille ou une plaque de barbecue et faire cuire 8 à 10 min, jusqu'à ce que la viande soit bien tendre et dorée.

Brochettes de poulet mariné

Préparation : 30 min – Cuisson : 10 min
Pour 4 personnes

- 4 blancs de poulet
- 4 gousses d'ail
- 2 citrons
- 1 cuiller à café de cumin en poudre
- 1 cuiller à café de thym
- 1 poivron vert (ou rouge selon votre goût)
- 8 oignons nouveaux
- sel, poivre

La veille, couper les blancs de poulet en morceaux, les mettre dans un plat creux avec l'ail haché, le jus des citrons, le cumin, le thym, du sel et du poivre. Couvrir d'un film alimentaire et laisser macérer au frais jusqu'au lendemain.

Tailler le poivron en cubes et les oignons épluchés en quatre, puis préparer les brochettes en intercalant poulet et légumes, badigeonner avec la marinade et faire cuire au barbecue ou sous le gril du four, 5 min de chaque côté.

Cake à la dinde

Préparation : 15 min – Cuisson : 30 min
Pour 4 personnes

- 4 escalopes de dinde (ou de poulet)
- 1 gros oignon émincé
- 2 cuillers à soupe d'épices et herbes (graines de cumin, basilic, herbes de Provence, poivre, sel, paprika, gingembre)
- 6 œufs
- 2 cuillers à soupe de Maïzena®

Préchauffer le four à 180 °C – th. 6.
Mixer la viande avec l'oignon, ajouter les épices et les herbes, incorporer les œufs et ajouter la Maïzena®. Mettre la préparation dans un plat à cake et au bain-marie, ou dans un plat à gratin, et enfourner 20 à 30 min.

Coquelet au citron vert en croûte de sel

Préparation : 25 min – Cuisson : 50 min
Pour 2 personnes

- 1 bouquet garni
- 2 citrons verts
- 1 oignon
- 1 coquelet de 400 à 500 g

- 2 blancs d'œufs
- 2 kg de gros sel
- sel, poivre

La veille, mettre dans 1 l d'eau froide le bouquet garni, le jus d'un demi-citron, l'oignon épluché et coupé en morceaux et le coquelet.
Le lendemain, farcir l'intérieur du coquelet avec les aromates de la marinade.
Mélanger les blancs d'œufs avec le gros sel et tapisser un plat à four de ce mélange. Poser le coquelet au milieu du plat, et le recouvrir avec le restant de sel.
Enfourner pendant 50 min à 210 °C – th. 7.
Pour servir, casser la croûte de sel avec un dos de cuiller, couper le coquelet en deux et l'arroser du jus d'un citron.

Cuisses de poulet en papillotes

Préparation : 10 min – Cuisson : 45 min
Pour 2 personnes

- 100 g de fromage blanc 0 % MG
- 1 échalote hachée
- 1 cuiller à soupe de persil haché
- 20 brins de ciboulette ciselée
- 2 cuisses de poulet
- sel, poivre

🍽 Préchauffer le four à 150 °C – th. 5.
Préparer une farce en mélangeant le fromage blanc, l'échalote, le persil et la ciboulette. Saler, poivrer. Enlever la peau des cuisses de poulet et, à l'aide d'un couteau pointu, inciser dans la partie la plus épaisse de la viande une fente d'environ 2 cm de long sur 1,5 cm de profondeur. Glisser la farce dans la fente et enduire les cuisses de poulet du reste de la préparation. Découper 2 feuilles de papier d'aluminium : déposer les cuisses au centre de chaque feuille, et refermer les papillotes. Mettre un peu d'eau dans le fond d'un plat à gratin et y déposer les papillotes. Enfourner pendant 45 min.

Dinde au lait

Préparation : 20 min – Cuisson : 50 min
Pour 4 personnes

- 5 gousses d'ail
- 1 dinde d'1 kg
- 1 pincée de noix de muscade
- 1 l de lait écrémé

🍽 Préchauffer le four à 210 °C – th. 7.
Éplucher les gousses d'ail et enlever les germes. Saler

et poivrer la viande. Râper dessus un peu de noix de muscade. Déposer la dinde dans une cocotte anti-adhésive, avec les gousses d'ail. Verser dessus le lait : la viande doit y baigner au moins aux trois quarts. Faire chauffer doucement la cocotte pendant 5 min environ.

Mettre au four et laisser cuire environ 50 min, en retournant la volaille toutes les 10 min. Au bout des 50 min, couvrir la cocotte et la laisser encore 10 min dans le four éteint.

Servir avec la sauce soigneusement passée.

Escalopes de dinde en papillotes

Préparation : 20 min – Cuisson : 25 min
Pour 4 personnes

- 4 escalopes de dinde
- 100 g de fromage blanc 0 % MG
- 1 cuiller à café de Maïzena®
- 2 cuillers à café de moutarde de Meaux
- 2 cuillers à café de moutarde de Dijon
- 2 cuillers à café de baies roses
- 2 brins de thym
- sel, poivre

Préchauffer le four à 180 °C – th. 6.

Saisir les escalopes dans une poêle antiadhésive ou au gril, pendant 1 min sur chaque face. Réserver sur une assiette. Battre le fromage blanc, la Maïzena® et les moutardes dans un petit bol. Saler et poivrer, ajouter les baies roses moulues.

Découper 4 rectangles de papier sulfurisé de 20 x 30 cm. Déposer une escalope sur chaque feuille, puis répartir la sauce. Saupoudrer de thym. Fermer les papillotes en repliant le papier plusieurs fois sur lui-même. Disposer les papillotes dans un grand plat et mettre au four environ 25 min. Servir chaud.

Escalopes de poulet tandoori

Préparation : 15 min – Cuisson : 20 min
Pour 6 personnes

- 2 yaourts 0% MG
- 2 cuillers à café de tandoori masala (épices indiennes)
- 3 gousses d'ail écrasées
- 2 cm de gingembre écrasé
- 2 piments verts écrasés
- 1 jus de citron
- 6 escalopes de poulet
- sel, poivre

Mélanger tous les ingrédients ensemble, sauf la viande. Veiller à bien écraser l'ail, le gingembre et les piments pour qu'ils se mêlent de façon homogène.
Inciser la chair du poulet pour que le mélange yaourt-épices pénètre bien dans la chair, et laisser macérer 1 nuit entière au réfrigérateur.
Le lendemain, faire cuire 20 min à four moyen (th. 6) puis passer sous le gril pour faire dorer.

Escalopes de volaille au curry et yaourt

Préparation : 5 min – Cuisson : 5 min
Pour 4 personnes

- 2 yaourts nature 0% MG
- 3 cuillers à café de curry
- 4 fines escalopes de volaille
- sel, poivre

Préparer les braises du barbecue.

Mélanger les yaourts, le sel, le poivre et le curry en poudre.

Laisser mariner les escalopes dans cette préparation pendant 2 h au frais.

Faire griller les escalopes pendant 5 min en les plongeant 1 à 2 fois dans la marinade en cours de cuisson.

Poulet à la citronnelle

Préparation : 30 min – Cuisson : 55 min
Pour 8 personnes

- 1,5 kg d'escalopes de poulet
- 2 petits oignons frais
- 3 brins de citronnelle
- 1 pincée de piment en poudre

- 2 cuillers à soupe de nuoc-mâm
- 2 cuillers à soupe de sauce soja
- 2 cuillers à soupe d'Hermesetas®
- sel, poivre

Découper le poulet en fines lamelles. Peler les oignons et les émincer.

Couper finement la citronnelle.

Dans un faitout, faire dorer la viande et la saisir pendant 10 min dans un petit peu d'huile. Ajouter les oignons, la citronnelle, le piment, le nuoc-mâm, la sauce soja, le sel, le poivre et l'Hermesetas®.

Baisser le feu. Couvrir et laisser cuire 45 min.

Poulet à l'indienne

Préparation : 40 min – Cuisson : 1 h
Pour 4 personnes

- 1 citron
- 1 racine de gingembre
- 3 gousses d'ail
- 1 poulet entier découpé
- 3 yaourts nature 0% MG
- 1 cuiller à café de cannelle
- 2 pincées de piment de Cayenne
- 1 cuiller à café de grains de coriandre
- 3 clous de girofle
- 10 feuilles de menthe
- 2 oignons
- 1 cuiller à soupe d'eau
- 1 bouillon cube de volaille dégraissé
- sel, poivre

Prélever le zeste du citron. Éplucher le gingembre et le hacher pour obtenir 4 cuillers à soupe.
Éplucher les gousses d'ail et les hacher.
Mélanger dans un plat les yaourts, le gingembre, l'ail, les épices, le citron et les feuilles de menthe hachées. Y mettre les morceaux de poulet salés et poivrés, et laisser mariner au réfrigérateur pendant 24 h.
Le lendemain, émincer les oignons, les faire revenir dans une cocotte antiadhésive avec l'eau, puis ajouter le poulet et sa marinade.
Laisser mijoter à feu doux pendant environ 1 h.
Avec le jus restant, faire un potage avec un bouillon de poule dégraissé.
Servir le tout bien chaud.

Poulet au gingembre

Préparation : 20 min – Cuisson : 1 h
Pour 4 personnes

- 1 poulet
- 2 gros oignons
- 3 gousses d'ail
- quelques clous de girofle
- 5 g de gingembre
- sel, poivre

Découper le poulet en morceaux.
Faire revenir les oignons et les gousses d'ail épluchés et découpés dans une poêle légèrement huilée à feu doux.
Ajouter les morceaux de poulet dans lesquels on aura piqué les clous de girofle. Couvrir d'eau.
Ajouter le gingembre râpé.
Saler, poivrer.
Laisser cuire à feu moyen jusqu'à évaporation totale de l'eau.

Poulet au thym

Préparation : 35 min – Cuisson : 30 à 35 min
Pour 4 personnes

- 1 poulet fermier
- 1 bouquet de thym frais
- 2 échalotes grises
- 3 yaourts à 0 % MG
- 1/2 citron
- 1 bouquet de persil
- quelques feuilles de menthe
- 1 gousse d'ail
- sel, poivre

Découper le poulet en morceaux et l'assaisonner.
Verser une bonne quantité d'eau dans le compartiment inférieur d'un cuit-vapeur, saler et porter à ébullition.
Étaler la moitié des brins de thym dans la partie

haute du cuit-vapeur. Disposer dessus les morceaux de poulet. Le couvrir du reste des brins de thym et des échalotes pelées et émincées. Fermer le couvercle et compter 30 à 35 min de cuisson à partir du moment où la vapeur s'échappe.

Pendant ce temps, verser les yaourts dans une jatte, ajouter le jus d'un demi-citron, le persil et la menthe lavés, épongés et ciselés, et la gousse d'ail pelée et finement hachée. Saler, poivrer, fouetter et garder au frais jusqu'au moment de servir, en accompagnement du poulet.

Poulet au yaourt

Préparation : 15 min – Cuisson : 1 h 30
Pour 4 personnes

- 1 poulet
- 120 g d'oignons hachés
- 2 yaourts 0 % MG
- 1/2 cuiller à café de gingembre en poudre
- 1/2 cuiller à café de paprika
- 2 cuillers à café de jus citron
- 2 cuillers à café de curry
- zeste d'1/2 citron
- sel, poivre

Découper le poulet, retirer la peau et mettre les morceaux dans une poêle antiadhésive.

Placer les autres ingrédients mélangés sur le poulet et couvrir.

Laisser mijoter pendant 1 h 30 environ à feu doux.

Assaisonner selon votre goût et, si nécessaire, ôter le couvercle à la fin de la cuisson pour faire réduire la sauce.

Servir bien chaud.

Poulet aux citrons

Préparation : 15 min – Cuisson : 45 min
Pour 2 personnes

- 500 g de poulet
- 1 oignon émincé
- 2 gousses d'ail
- 1/2 cuiller à café de gingembre émincé
- le jus et les zestes de 2 citrons
- 2 cuillers à soupe de sauce soja
- 1 bouquet garni
- 1 pincée de cannelle
- 1 pincée de gingembre en poudre
- sel, poivre

Découper la viande en cubes de taille moyenne. Dans une cocotte à revêtement antiadhésif, faire revenir à feu moyen l'oignon, l'ail et le gingembre pendant 3 à 4 min.

Ajouter la viande et faire sauter à feu vif pendant 2 min en remuant avec une spatule. Mouiller avec le jus des citrons, la sauce de soja et 15 cl d'eau. Ajouter le bouquet garni, la cannelle, le gingembre en poudre, les zestes des citrons.

Saler, poivrer et laisser mijoter à couvert et à feu doux durant 45 min.

Servir bien chaud.

Poulet exotique

Préparation : 20 min – Cuisson : 1 h 20
Pour 4 personnes

- 4 cuisses de poulet
- 2 gousses d'ail
- 2 oignons
- 3 yaourts à 0 % MG
- 1 pointe de quatre-épices
- 2 cuillers à café de curry
- 1 bâton de cannelle
- 2 cuillers à café de cumin

- 10 gousses de cardamome
- 1 g de safran en filament
- 1 pincée de poivre de Cayenne

🍲 Faire revenir à feu moyen les cuisses de poulet débarrassées de leur peau en cocotte légèrement huilée. Ajouter l'ail et les oignons finement émincés. Laisser dorer quelques instants.

Battre les yaourts avec le quatre-épices et le curry, puis les verser sur le poulet. Laisser cuire à feu doux pendant 50 min, à couvert.

Ajouter alors le bâton de cannelle, le cumin, la cardamome, le safran et la pointe de poivre de Cayenne. Prolonger la cuisson pendant 30 min.

Disposer les cuisses de poulet sur un plat chaud. Filtrer la sauce et la battre quelques secondes au mixeur pour la lisser.

En napper la viande et servir aussitôt.

Poulet tandoori

Préparation : 30 min – Cuisson : 35 min
Pour 4 personnes

- 4 cuisses de poulet
- 1 jus de citron
- 4 cuillers à soupe de pâte de curry tandoori
- 2 yaourts 0 % MG
- 1 gousse d'ail
- sel, poivre

🍲 Enlever la peau des cuisses de poulet et les séparer en 2 à la jointure. Pratiquer plusieurs entailles dans la chair. Déposer les morceaux dans un plat creux. Les arroser du jus de citron.

Dans un grand bol, mélanger la pâte de curry tandoori, les yaourts et la gousse d'ail pressée. Saler et poivrer légèrement. Verser cette préparation sur la

viande. Couvrir. Laisser mariner pendant au moins
6 h au réfrigérateur, en retournant les morceaux 2 à
3 fois dans la marinade.
Retirer les cuisses de poulet de leur marinade. Les
égoutter et les déposer sur la grille du four et les faire
cuire 35 min en les retournant et en les badigeonnant
3 à 4 fois du reste de marinade.

Rillettes de poulet

Préparation : 15 min – Cuisson : 5 min
Pour 3 personnes

- 500 g de blancs de poulet
  (ou de dinde)
- 2 oignons hachés
- 5 cornichons hachés
- 10 cl de yaourt 0 % MG
- 1 pincée de piment en
  poudre
- 1 pincée de noix de
  muscade
- sel, poivre

Faire dorer le poulet dans la poêle très légèrement huilée durant 5 min à feu vif.
Mettre les morceaux de poulet dans le robot avec
tous les ingrédients (sans trop saler) et mixer jusqu'à
obtention d'une masse homogène.
Tasser les rillettes dans une terrine, et garder au
réfrigérateur pendant au moins 2 h.

Sauté de poulet au citron et aux câpres

Préparation : 20 min – Cuisson : 20 min
Pour 4 personnes

- 1 oignon rouge finement émincé
- 800 g de blancs de poulet coupés en lanières
- le zeste d'1 citron
- 1 cuiller à soupe de petites câpres rincées et égouttées
- 7,5 cl de jus de citron
- 5 feuilles de basilic ciselé
- sel, poivre

🍲 Dans une poêle antiadhésive huilée, faire revenir l'oignon émincé jusqu'à ce qu'il soit doré, puis réserver.

Dans la même poêle, faire revenir les morceaux de poulet 15 min à feu moyen.

Ajouter l'oignon, le zeste du citron, les câpres, le jus de citron, le basilic, le sel et le poivre.

Servir bien chaud.

Sauté de poulet au piment

Préparation : 35 min – Cuisson : 6 min
Pour 4 personnes

- 4 blancs de poulet
- 6 petits oignons rouges (ou échalotes)
- 3 à 6 piments rouges frais
- 4 gousses d'ail
- 1 morceau de gingembre frais
- 1 tige de citronnelle
- 15 cl d'eau
- sel, poivre

🍲 Ôter la peau des blancs de poulet, et couper chacun d'eux en 8 morceaux dans le sens de la longueur. Émincer un oignon en fines lamelles pour la décoration du plat. Laver et éplucher les piments, les oignons ou les échalotes, l'ail, la racine de gingembre et la tige de citronnelle. Mixer finement les piments, la moitié du gingembre, la citronnelle. Réserver. Réduire en purée les oignons, l'ail et l'autre moitié du gingembre.

Dans une poêle antiadhésive huilée, faire revenir la purée de piment pendant 1 à 2 min. Ajouter les morceaux de poulet, les mélanger de façon à bien les enrober de piment. Verser l'eau, et incorporer la purée d'oignons. Saler et poivrer. Laisser cuire à feu vif pendant 5 min à découvert.

Servir chaud avec les lanières d'oignon en guise de décoration.

Soufflé de foies de volaille

Préparation : 20 min – Cuisson : 30 min
Pour 2 personnes

- 250 g de foies de volaille
- 1 gousse d'ail épluchée
- 1 bouquet de persil
- 4 œufs
- 50 cl de béchamel Dukan
- sel, poivre

Faire revenir les foies de volaille dans une poêle antiadhésive légèrement huilée, puis les hacher avec l'ail et le persil.

Séparer les blancs des jaunes d'œufs.

Ajouter à la béchamel le hachis de foies et les jaunes d'œufs. Mélanger.

Battre les blancs en neige. Les incorporer au mélange précédent. Bien poivrer et saler.

Mettre dans le four, th. 6 pendant 30 min, en surveillant la coloration.

Terrine de foies de volaille

Préparation : 15 min – Cuisson : 5 min
Pour 4 personnes

- 300 g de foies de volaille
- 3 cuillers à soupe de vinaigre de framboise
- 1 bouquet d'estragon
- 15 cl de fromage blanc 0 %MG
- sel, poivre

Cuire les foies de volaille à feu vif dans une poêle antiadhésive huilée, puis déglacer avec le vinaigre de framboise. Saler et poivrer.

Effeuiller l'estragon, le mettre dans le mixeur avec les foies de volaille et le fromage blanc.

Mixer en purée, puis verser le mélange dans une terrine.

Mettre au frais pendant 24 h.

Terrine de jambon

Préparation : 40 min – Sans cuisson
Pour 8 personnes

- 2 sachets de gelée
- 50 cl d'eau
- 1 gros bouquet de persil
- 200 g de dés de poulet (ou de jambon de dinde)

Dans une casserole, délayer 2 sachets dans 50 cl d'eau. Porter lentement à ébullition sans cesser de remuer. Dès les premiers bouillons, retirer du feu et laisser refroidir.

Laver, équeuter et hacher finement le persil.

Verser une fine couche de gelée dans un moule à cake et le mettre pendant 3 min au congélateur.

Mélanger la gelée restante, le persil haché et les dés de poulet (ou de dinde).

Verser la moitié de cette préparation dans le moule et congeler durant 15 min.

Ajouter le restant de la préparation dans le moule et placer 2 h au réfrigérateur.

Au moment de démouler, tremper le fond du moule dans de l'eau chaude.

Terrine de volaille

Préparation : 45 min – Cuisson : 1 h

- 1 poulet d'1,5 kg environ
- 2 carottes
- 2 tomates
- 1 poireau
- 1 oignon
- 1 brin d'estragon
- 1 blanc d'œuf
- 1 cuiller à café de baies roses
- sel, poivre

Découper le poulet en morceaux. Peler les légumes, les mettre (sauf les tomates) dans un faitout avec 1 l d'eau. Porter à ébullition. Ajouter le poulet, saler, poivrer, écumer, puis laisser cuire 1 h à petits bouillons, à couvert.

Retirer le poulet, l'égoutter et détacher sa viande en l'éminçant finement.

Épépiner les tomates et les couper en dés. Disposer les morceaux de poulet dans un moule à cake en y intercalant des dés de tomates et des feuilles d'estragon. Porter le bouillon à ébullition et le laisser réduire jusqu'à 25 cl environ.

Battre le blanc en neige, le déposer dans le bouillon et faire bouillir pendant 1 min. Laisser tiédir et passer à travers un linge. Verser alors sur le poulet et parsemer de baies roses. Répartir quelques dés de tomates et une dizaine de feuilles d'estragon.

Quelques heures après, démouler la terrine sur un plat et garder au réfrigérateur pour servir frais.

Timbales de dinde

Préparation : 30 min – Cuisson : 20 min
Pour 2 personnes

- 250 g d'escalope de dinde
- 3 cuillers à soupe de fromage blanc 0 % MG
- 1 échalote hachée
- 1 cuiller à soupe de persil haché
- 1/2 gousse d'ail
- 1 citron
- sel, poivre

Préchauffer le four à 180 °C – th. 6.

Détailler les escalopes en lamelles très fines. Mélanger le fromage blanc, l'échalote, le persil haché, l'ail pilé, un peu de jus de citron, saler et poivrer.

Dans des ramequins à revêtement antiadhésif, disposer en couches successives les lamelles de dinde et le mélange aux fines herbes, en terminant par la dinde.

Faire cuire au bain-marie, dans le four, pendant 20 min. Démouler et servir chaud.

LES VIANDES

Amuse-gueule au jambon

Préparation : 15 min – Sans cuisson
Pour 4 personnes

- 170 g de jambon dégraissé en miettes
- 225 g de carré frais Gervais™ 0 % MG
- quelques brins de ciboulette ciselée
- 4 échalotes ciselées finement marjolaine ou autre épice selon votre goût
- quelques gouttes de Tabasco®

Bien mélanger tous les ingrédients.
Façonner la préparation en petites boules et les déposer dans un plat décoratif.

Bœuf Luc Lac

Préparation : 10 min – Cuisson : 10 min
Pour 2 personnes

- 400 g de bœuf
- 2 cuillers à soupe de sauce soja
- 1 cuiller à soupe de sauce d'huître
- 1 gros morceau de gingembre
- 1 goutte d'huile
- 4 gousses d'ail
- poivre
- quelques pluches de coriandre

Couper la viande en dés de 1 cm. Les assaisonner avec la sauce soja, la sauce d'huître, le gingembre pilé et le poivre. Laisser mariner pendant au moins 30 min.
Juste avant de servir, graisser une poêle avec une goutte d'huile et faire revenir l'ail écrasé. Lorsque l'ail commence à dorer et à sentir bon, y ajouter la viande et faire cuire à feu vif.

Mélanger rapidement 10 à 15 s.

La viande ne doit pas être très cuite et rester encore un peu saignante.

Décorer avec quelques pluches de coriandre.

Boulettes de viande aux herbes

Préparation : 30 min – Cuisson : 5 min par fournée
Pour 3 personnes

- 1 oignon moyen
- 750 g de bœuf
- 2 gousses d'ail
- 1 œuf
- 2 cuillers à soupe de sauce chinoise aux prunes
- 1 cuiller à soupe de sauce Worcestershire
- 2 cuillers à soupe de romarin
- 1 à 2 cuillers à soupe de menthe (ou de basilic)
- sel, poivre

Mélanger l'oignon haché, la viande hachée, l'ail écrasé, l'œuf légèrement battu, les sauces et les herbes hachées finement. Saler et poivrer.

Former des boulettes de la grosseur d'une noix.

Faire cuire par petites quantités, dans une casserole à feu moyen, 5 min environ jusqu'à ce qu'elles soient dorées sur toutes les faces.

Égoutter sur un papier absorbant.

Servir avec de la sauce tomate.

Boulettes orientales

Préparation : 20 min – Cuisson : 20 min
Pour 3 personnes

- 500 g de veau haché maigre
- 1 à 2 tasses d'eau
- 3 cuillers à soupe de sauce soja
- 2 cuillers à soupe de vinaigre de xérès
- 1/2 cube de bouillon de bœuf dégraissé
- 2 grosses gousses d'ail émincées
- 1/2 cuiller à thé de gingembre frais pelé et râpé
- 2 échalotes coupées en petits morceaux
- 1 cuiller à café de Maïzena®
- sel, poivre

Façonner la viande en petites boulettes et les faire dorer 7 min dans une poêle antiadhésive à feu vif sur toutes les faces, les réserver.

Mettre 1 tasse d'eau dans le plat de cuisson et bien délayer avec les sucs de la viande. Ajouter tous les autres ingrédients, sauf la Maïzena®.

Bien mélanger et ajouter les boulettes de viande. Verser assez d'eau pour que les boulettes baignent dans la sauce sans les noyer.

Faire cuire à feu moyen pendant 10 min jusqu'à ce que les boulettes soient bien cuites.

Ajoutez la Maïzena® diluée dans de l'eau, pour épaissir la sauce à votre goût.

Côtes de veau victoriennes

Préparation : 15 min – Cuisson : 50 min
Pour 2 personnes

- 500 g de tomates en conserve
- 150 g de carottes râpées
- 150 g de céleri haché
- 1 cuiller à café de basilic haché
- 2 côtes de veau
- sel, poivre

Verser le contenu de la boîte de tomates dans un récipient. Ajouter les carottes, le céleri, le basilic, sel et poivre. Mélanger.
Placer la viande entre deux couches de cette préparation dans un petit plat allant au four.
Cuire à four modéré durant 40 à 50 min.

Foie de veau au vinaigre de framboise

Préparation : 15 min – Cuisson : 10 min
Pour 1 personne

- 1 petit oignon coupé en rondelles fines
- 100 g de foie de veau
- 1 échalote hachée
- 1 cuiller à soupe de vinaigre de framboise
- 1 cuiller à café de thym
- 1/2 feuille de laurier
- sel, poivre du moulin

Dans une poêle antiadhésive légèrement huilée, faire revenir les rondelles d'oignon à feu moyen. Dès qu'elles sont dorées, les réserver sur une assiette. Mettre les tranches de foie dans la poêle graissée et les faire sauter environ 4 min de chaque côté. Saler, poivrer et réserver en couvrant, afin de les maintenir au chaud.

Dans la même poêle, faire fondre l'échalote à feu moyen. Ajouter le vinaigre de framboise, le thym, le laurier et laisser cuire pendant 2 min en remuant, puis remettre le foie dans la poêle pour le réchauffer dans cette préparation. Servir immédiatement.

Lapin en papillotes

Préparation : 15 min – Cuisson : 50 min
Pour 2 personnes

- 2 escalopes de volaille très fines
- 2 râbles de lapin
- thym, laurier, sarriette ou romarin
- sel, poivre

Cuire rapidement sur feu très vif les escalopes dans une poêle antiadhésive légèrement huilée.

Couper le râble en deux morceaux et entourer chaque morceau d'une demi-escalope.

Sur des feuilles de papier d'aluminium, déposer un râble et ajouter les aromates. Assaisonner selon votre goût.

Fermer les papillotes, les mettre à cuire au four pendant 50 min à 220 °C – th. 7.

Lapin sauce piquante

Préparation : 30 min – Cuisson : 1 h 15
Pour 4 personnes

- 1 lapin
- 1 échalote coupée finement
- 8 cuillers à café de fromage blanc 0 % MG
- 1 cuiller à soupe de moutarde blanche
- 1 cuiller à soupe de câpres
- quelques cornichons coupés en rondelles
- sel, poivre

Faire revenir le lapin avec l'échalote dans une cocotte légèrement huilée.

Saler, poivrer et laisser cuire doucement pendant 1 h environ à couvert.

Puis, incorporer le fromage blanc, la moutarde, les câpres et les cornichons.

Chauffer le tout pendant quelques minutes. Attention, la sauce ne doit pas bouillir.

Pâté de campagne

Préparation : 20 min – Cuisson : 1 h
Pour 8 personnes

- 12 tranches de bacon de dinde
- 200 g de foie de poulet
- 250 g de jambon dégraissé
- 1 oignon
- 700 g de viande hachée 5 %
- 1 cuiller à thé de thym
- 1 cuiller à thé d'origan
- 4 gousses d'ail
- 4 clous de girofle
- 1 cuiller à soupe de porto rouge bouilli
- 1 pincée de noix de muscade
- poivre

Passer dans une moulinette 4 tranches de bacon, le foie, le jambon et l'oignon. Verser dans un récipient. Ajouter la viande hachée.

Presser l'ail, écraser les clous de girofle au pilon, ajouter le porto, le poivre, la noix de muscade, les herbes et mélanger le tout.

Tapisser le moule avec le bacon de sorte que celui-ci dépasse du récipient. Tasser bien la préparation, tapoter le plat sur la table pour éliminer les bulles d'air. Replier le bacon sur le dessus, couvrir et cuire 1 h dans le four à 200 °C.

Laisser reposer 5 min, vider l'excédent de liquide et laisser refroidir.

Rôti de veau en sauce

Préparation : 10 min – Cuisson : 1 h
Pour 4 personnes

- 1 kg de rôti de veau
- 1 gousse d'ail
- 1 grosse échalote
- 1 tomate
- 1 cube de fond de veau dégraissé

- 1 cuiller à soupe d'origan, d'herbes de Provence et de basilic
- sel, poivre

Saler et poivrer le rôti et le faire dorer dans une cocotte à feu vif puis moyen.

Pendant ce temps, hacher l'ail et l'échalote. Couper la tomate en morceaux.

Lorsque le rôti a pris une belle couleur, ajouter au jus de cuisson le cube fond de veau dilué dans un grand verre d'eau.

Ajouter à la sauce, sel, poivre, ail et échalote ainsi que les herbes.

Quand la sauce aura un peu diminué, ajouter la tomate.

Présenter le rôti découpé dans le plat de service accompagné de sa sauce, qui doit être bien homogène.

Roulades de jambon

Préparation : 10 min – Sans cuisson
Pour 4 personnes

- 1 gousse d'ail
- 1/2 botte de ciboulette
- 200 g de fromage blanc 0 % MG
- 8 tranches de jambon dégraissé
- 8 feuilles de salade verte
- 4 brins de persil

Peler et hacher l'ail. Laver et ciseler la ciboulette. Mélanger avec le fromage blanc.

Tartiner chaque tranche de jambon avec le fromage blanc et rouler le jambon.

Placer au réfrigérateur pendant 30 min pour faire prendre le fromage.

Décorer les assiettes avec 2 feuilles de salade, puis 2 roulades de jambon sur ce lit de salade. Ajouter un brin de persil pour décorer.

LES ŒUFS

Brouillade au saumon fumé

Préparation : 10 min – Cuisson : 10 min
Pour 4 personnes

- 100 g de saumon fumé
- 8 œufs
- 8 cl de lait écrémé
- 1 cuiller à soupe de fromage blanc 0 % MG
- 4 brins de ciboulette
- sel, poivre

Couper le saumon fumé en fines lanières.
Dans un bol, battre les œufs. Saler légèrement et poivrer. Faire chauffer une casserole avec un peu de lait écrémé au fond. Verser les œufs et les faire cuire à feu doux en remuant avec une spatule.
Hors du feu, incorporer le saumon et le fromage blanc. Servir sans attendre. Décorer de quelques brins de ciboulette.

Œufs brouillés

Préparation : 10 min – Cuisson : 10 min
Pour 2 personnes

- 4 œufs
- 1/2 verre de lait écrémé
- 1 pincée de noix de muscade
- 2 branches de persil haché (ou de ciboulette)
- sel, poivre

Battre les œufs en omelette, ajouter le lait, puis saler et poivrer.
Râper un peu de noix muscade, et cuire doucement en remuant sans cesse dans une casserole au bain-marie. Servir immédiatement saupoudré de persil haché ou de ciboulette.

Œufs brouillés au crabe

Préparation : 10 min – Cuisson : 10 min
Pour 4 personnes

- 6 œufs de calibre moyen
- 2 cuillers à soupe de nuoc-mâm
- 100 g de chair de crabe
- 2 échalotes moyennes

Battre légèrement les œufs et le nuoc-mâm dans un bol.

Bien égoutter la chair de crabe et émincer les échalotes. Faire revenir les échalotes pendant 1 min dans une poêle antiadhésive jusqu'à ce qu'elles blondissent et les ajouter aux œufs.

Faire ensuite revenir le crabe, jusqu'à ce qu'il soit légèrement doré. Puis le mélanger avec les œufs.

Faire chauffer 3 à 5 min ce mélange à feu moyen jusqu'à ce qu'il soit pris sans être bruni. Retirer du feu et servir immédiatement.

Œufs cocotte au saumon

Préparation : 10 min – Cuisson : 5 min
Pour 6 personnes

- 12 cuillers à café de fromage blanc 0 % MG
- estragon (ou cerfeuil) haché
- 2 belles tranches de saumon fumé
- 6 œufs
- sel, poivre

Déposer 1 cuiller à café de fromage blanc et 1 pincée d'herbe dans chaque ramequin. Y ajouter le tiers d'une tranche de saumon coupée en lamelles, puis 1 œuf.

Mettre les ramequins dans une sauteuse remplie d'eau bouillante comme un bain-marie.
Couvrir et laisser cuire 3 à 5 min à feu moyen.
Le saumon peut être remplacé par du jambon, de la viande des Grisons, ou toute autre protéine à votre goût.

Œufs durs au curry

Préparation : 10 min – Cuisson : 10 min
Pour 1 personne

- 1/2 oignon
- 8 cuillers à soupe de lait écrémé
- 1 pincée de Maïzena®
- 1 cuiller à café de curry
- 2 œufs durs
- sel, poivre

Dans une casserole, cuire à feu moyen l'oignon haché avec la moitié du lait pendant 10 min, en remuant sans arrêt.
Ajouter la Maïzena® et le reste du lait, remuer énergiquement, saler, poivrer et mettre le curry.
Couper les œufs durs en rondelles et les disposer dans un plat. Verser la sauce dessus.

Œufs farcis aux maquereaux

Préparation : 15 min – Sans cuisson
Pour 4 personnes

- 4 œufs durs
- 1 boîte de maquereaux au vin blanc
- 1 petit suisse
- moutarde
- sel, poivre

Couper les œufs en deux dans le sens de la longueur. Mettre les jaunes dans un saladier. Réserver les blancs pour plus tard. Dans le saladier, ajouter les filets de maquereaux égouttés, le petit suisse, la moutarde, le sel et le poivre. Écraser et mélanger le tout à la fourchette.

À l'aide d'une grande cuiller, répartir la préparation sur les demi-blancs d'œufs afin de les « reconstituer ». Mettre au frais, puis déguster.

Omelette au thon

Préparation : 10 min – Cuisson : 10 min
Pour 4 personnes

- 2 filets d'anchois
- 8 œufs
- 200 g de thon au naturel
- 1 cuiller à soupe de persil haché
- poivre

Découper les anchois en fines lamelles.
Battre les œufs en omelette et y ajouter les anchois et le thon émietté. Assaisonner de persil et de poivre.
Faire cuire l'omelette à feu moyen dans une poêle antiadhésive légèrement huilée. Servir aussitôt.

Omelette au tofu

Préparation : 15 min – Cuisson : 5 min
Pour 4 personnes

- 2 œufs
- 2 cuillers à soupe de sauce soja
- 1 gousse d'ail émincée
- 1/2 oignon haché
- 400 g de tofu coupé en petits cubes
- 1/2 poivron vert haché
- 1 cuiller à soupe de persil haché
- poivre

Dans un bol, battre les œufs avec les assaisonnements.

Ajouter le tofu et le poivron, puis mélanger.

Dans une poêle, verser l'omelette. Couvrir et faire cuire à feu doux.

Parsemer de persil avant de servir.

Pain au surimi

Préparation : 10 min – Cuisson : 30 min
Pour 2 personnes

- 300 g de surimi
- 8 œufs
- 1 boîte de concentré de tomates
- 3 cuillers à soupe de fromage blanc 0 % MG
- quelques brins de persil
- sel, poivre

Bien mélanger tous les ingrédients.

Faire cuire dans un moule au four à 160 °C pendant 30 min.

Déguster froid.

Petits flans au crabe

Préparation : 10 min – Cuisson : 45 min
Pour 5 personnes

- 200 g de saumon fumé en dés
- 2 œufs
- 1 cuiller à soupe de Maïzena®
- 35 cl de lait
- 1 petite boîte de crabe égoutté
- 1 pointe de cuiller à café de fond de poisson
- sel, poivre

Répartir les dés de saumon fumé dans les ramequins.

Battre les œufs, la Maïzena® délayée dans le lait, puis le crabe. Saler, poivrer, ajouter le fond de poisson.

Mettre au four au bain-marie pendant 45 min à 180 °C.

Potage aux jaunes d'œufs

Préparation : 10 min – Cuisson : 10 min
Pour 4 personnes

- 8 œufs
- 1,5 l de bouillon de bœuf dégraissé
- sel, poivre

Casser les œufs et séparer les blancs des jaunes. Mettre les jaunes dans une terrine et les battre vivement, en ajoutant 40 cl de bouillon.

Lorsque le mélange est homogène, le passer au tamis, puis le verser de nouveau dans une casserole. Placer celle-ci au bain-marie. Lorsque la crème est prise, retirer du feu et laisser refroidir.

Couper la pâte obtenue en tranches, puis en lamelles et répartir celles-ci dans des assiettes à potage ou des bols à consommé. Faire chauffer le reste du bouillon à feu doux, goûter et rectifier l'assaisonnement.

Verser brûlant dans les assiettes et servir aussitôt.

Quiche

Préparation : 15 min – Cuisson : 20 min
Pour 2 personnes

- 6 cuillers à soupe de fromage blanc 0% MG
- 3 œufs battus en omelette
- 2 tranches de jambon de volaille coupé en petits morceaux
- 1/2 oignon haché
- 1 pincée de noix de muscade
- sel, poivre

Mélanger tous les ingrédients.
Mettre dans un plat à tarte légèrement huilé et enfourner à 240 °C – th. 8, pendant 20 min.

Soufflé au jambon

Préparation : 15 min – Cuisson : 45 min
Pour 4 personnes

- 20 cl de lait écrémé
- 20 g de Maïzena®
- 4 œufs
- 400 g de fromage blanc 0% MG
- 200 g de jambon blanc dégraissé
- sel, poivre
- 1 pincée de noix de muscade

Préchauffer le four à 210 °C – th. 7.
Mélanger à froid le lait et la Maïzena®.
Séparer les jaunes des blancs d'œufs. Battre les jaunes avec le fromage blanc, verser dessus le lait tout en remuant pour obtenir une pâte onctueuse. Puis ajouter le jambon coupé en lamelles. Saler, poivrer et ajouter la noix de muscade.
Monter les blancs d'œufs en neige très ferme, les incorporer délicatement à la préparation au jambon.

Verser le mélange dans un moule à soufflé antiadhésif.
Rectifier l'assaisonnement.
Cuire au four pendant 45 min.

Terrine d'œufs au saumon

Préparation : 30 min – Cuisson : 10 min
Pour 8 à 10 personnes

- 10 œufs
- 2 tasses d'herbes hachées
  (persil, ciboulette,
  estragon)
- 4 tranches assez épaisses
  de saumon fumé
- 300 g de gelée en boîte
  (ou préparée avec un
  sachet)
- mayonnaise Dukan

Recette à préparer la veille de la dégustation de la terrine.
Faire durcir les œufs (10 min à l'eau bouillante). Les laisser refroidir, puis les hacher au couteau et les mélanger à la moitié des herbes.
Répartir les œufs dans une terrine en alternant avec les tranches de saumon. Faire fondre la gelée et la verser sur les œufs.
Faire prendre 24 h au réfrigérateur. Ajouter à la mayonnaise le reste des herbes.
Servir la terrine coupée en tranches, avec cette sauce verte.

LES POISSONS
ET
LES FRUITS DE MER

Agar-agar de poisson

Préparation : 15 min – Cuisson : 9 min
Pour 2 personnes

- 25 cl d'eau
- 1 verre de bouillon dégraissé (15 cl)
- 2 g d'agar-agar en poudre

- 3 filets de poisson blanc
- jus de citron
- sel, poivre

Faire chauffer, à feu doux, l'eau avec le bouillon, le sel, le poivre et l'agar-agar.
Au bout de 5 min, y déposer les filets de poisson et maintenir la cuisson encore 4 min à couvert.
Mixer la préparation avant de la verser dans un moule à cake, puis citronner.
Laisser refroidir, puis mettre au réfrigérateur.
Servir avec un coulis de tomate tiède.

Aile de raie aux fines herbes

Préparation : 25 min – Cuisson : 5 min
Pour 2 personnes

- 1 aile de raie assez épaisse
- 1/2 verre de vinaigre (7 cl)
- 1 gros bouquet de fines herbes variées (ciboulette, persil, estragon, etc.)
- sel, poivre

Pour la sauce :
- 1 citron (1 moitié pour le jus, l'autre pour la garniture)
- 1 cuiller à soupe de fines herbes hachées
- sel, poivre

Laver l'aile de raie à grande eau. La déposer dans le panier perforé de l'autocuiseur garni d'un lit d'herbes aromatiques. Saler, poivrer. Disposer un peu d'herbes sur le poisson.

Dans l'autocuiseur, verser deux verres d'eau vinaigrée. Placer le panier en position haute. Fermer l'autocuiseur. Laisser cuire 5 min à partir de la mise en pression.

Une fois cuit, ôter la peau et les herbes. Décoller la partie supérieure de l'arête et déposer dans une assiette chaude. Procéder de même pour la partie inférieure. Présenter le poisson bien chaud assaisonné de sel et poivre, arrosé de jus de citron, saupoudré de fines herbes et garni du demi-citron coupé en deux.

Aile de raie à la créole

Préparation : 25 min – Cuisson : 20 min
Pour 2 personnes

- 300 g de raie
- 25 g de gelée
- 1 citron vert
- 5 à 6 feuilles de menthe
- 150 g de salade verte

Pour le court-bouillon :
- 1 gousse d'ail
- 1 oignon piqué d'un clou de girofle
- thym
- 1 carotte
- sel, poivre

Mettre la raie dans une casserole d'eau parfumée avec les ingrédients du court-bouillon. Faire cuire 20 min à feu moyen à couvert. Égoutter la raie. Laisser refroidir.

Retirer la peau et les cartilages du poisson, puis émietter la chair. Passer le bouillon au tamis très fin. Dissoudre 25 g de gelée dans 50 cl de court-bouillon. Incorporer la chair émiettée. Laisser tiédir.

Versez la préparation dans deux moules à cake et garder au réfrigérateur pendant 2 h.

Tremper légèrement les moules dans de l'eau chaude pour démouler et poser sur la salade verte.
Servir ce plat frais, décoré de quartiers de citron vert et de feuilles de menthe.

Cabillaud au curry

Préparation : 20 min – Cuisson : 30 min
Pour 4 personnes

- 700 g de cabillaud
- 1 oignon
- 3 gousses d'ail
- 4 piments séchés
- 4 piments rocotillo
- 1 cuiller à café de grains de coriandre
- 1 cuiller à café de curcuma
- 1 cuiller à café de cumin
- 500 g de tomates
- 4 cuillers à soupe d'eau
- 3 cuillers à soupe de jus de citron
- sel, poivre

Préparer le poisson en enlevant les arêtes, en le rinçant et en le coupant en dés.
Hacher l'oignon, écraser l'ail, émincer les piments et les faire revenir dans une cocotte antiadhésive légèrement huilée.
Ajouter les épices et faire cuire pendant 5 min.
Incorporer les tomates concassées ainsi que l'eau et le jus de citron.
Porter le tout à ébullition. Réduire le feu et laisser frémir pendant 15 min à couvert.
Ajouter ensuite les dés de poisson. Saler et poivrer et poursuivre la cuisson durant 10 min à feu doux.

Cabillaud aux herbes

Préparation : 20 min – Cuisson : 15 min
Pour 4 personnes

- 1 échalote
- 1 oignon
- 1 bouquet de fines herbes
- 4 petits piments
- 1 poivron rouge
- 600 g de filets de cabillaud
- 1 citron
- sel, poivre

Préchauffer le four à 210 °C – th. 7.

Hacher finement l'échalote et l'oignon, puis mélanger avec les herbes ciselées. Prélever le zeste du citron et récupérer le jus. Couper les piments en deux. Débiter le poivron en quatre et l'épépiner.

Poser sur les quatre rectangles de papier d'aluminium un filet de poisson. Saler, poivrer. Recouvrir avec le poivron, une fine couche d'herbes et un piment. Arroser de jus de citron. Replier les bords des papillotes. Les déposer sur une plaque, glisser au four et laisser cuire 15 min.

Cabillaud sauce moutarde

Préparation : 10 min – Cuisson : 10 min
Pour 1 personne

- 1 beau filet de cabillaud
- 1 yaourt 0 % MG
- 1 cuiller à soupe de moutarde
- jus de citron
- 2 cuillers à soupe de câpres
- 1 bouquet de persil
- sel, poivre

Faire cuire le filet de cabillaud à la vapeur 8 à 10 min (selon l'épaisseur du poisson), après l'avoir salé.

Pendant ce temps, mettre dans une casserole le yaourt, la moutarde, le jus de citron, les câpres, le persil ciselé et poivrer. Chauffer à feu doux.
Placer le poisson cuit dans le plat de service, et le napper de sauce.
Servir bien chaud.

Calamars à la provençale

Préparation : 20 min – Cuisson : 55 min
Pour 4 personnes

- 1 ou 2 oignons émincés
- 2 boîtes de tomates entières
- 1 poivron
- 2 ou 3 gousses d'ail épluchées émincées
- 1 bouquet garni
- 1 piment oiseau
- 500 g d'anneaux de calamar
- sel, poivre

Faire revenir sur poêle luisante, huilée et essuyée au sopalin les oignons émincés à feu moyen.
Pendant ce temps, ébouillanter et peler les tomates.
Quand les oignons sont bien dorés, ajouter les tomates concassées, le poivron coupé en dés, l'ail épluché et émincé, le bouquet garni, le piment écrasé, le sel et le poivre. Laisser cuire pendant 10 min à feu doux et à couvert.
Laver et nettoyer les calamars. Les ajouter à la sauce et faire cuire à feu doux et couvert pendant 45 min.

Coquilles Saint-Jacques

Préparation : 15 min – Cuisson : 15 min
Pour 2 personnes

- 4 cuillers à café de fromage blanc 0 % MG
- 2 belles échalotes
- 6 à 8 noix de Saint-Jacques
- 200 g d'oseille
- sel, poivre

Faire chauffer le fromage blanc et les échalotes émincées dans une poêle huilée.

Faire dorer rapidement les noix de Saint-Jacques assaisonnées, d'abord à feu vif puis adouci, et les réserver.

Puis mettre dans la poêle l'oseille lavée ; la laisser cuire à feu moyen pendant 10 min.

Placer dans les assiettes les noix de Saint-Jacques sur l'oseille et arroser avec la sauce.

Cœur de saumon

Préparation : 10 min – Cuisson : 45 min
Pour 3 personnes

- 420 g de colin
- 3 œufs
- 100 g de fromage blanc 0 % MG
- 10 g de Maïzena®
- 10 cl d'eau
- 140 g de filet de saumon
- sel, poivre

Préchauffer le four à 210 °C – th. 7.

Mixer le colin, les œufs, le fromage blanc, le sel, le poivre et la Maïzena®, préalablement délayée dans un peu d'eau froide.

Verser dans un moule à cake de 22 cm.

Poser le filet de saumon au cœur de la préparation.

Mettre à cuire au four pendant 45 min.

Crème de thon

Préparation : 10 min – Cuisson : 25 min
Pour 2 personnes

- 50 cl d'eau
- 200 g de thon au naturel
- 1 oignon
- 1 gousse d'ail
- 300 g de courgette
- 3 cuillers à soupe de concentré de tomates
- sel, poivre

Faire chauffer l'eau dans une casserole. Émietter le thon. Éplucher, puis hacher l'oignon et l'ail. Laver, éplucher et couper les courgettes en rondelles. Mettre dans l'eau salée, le thon, l'oignon, l'ail, les courgettes et le concentré de tomates. Poivrer.
Cuire à couvert durant 25 min.

Dorade raffinée

Préparation : 15 min – Cuisson : 10 min
Pour 1 personne

- 150 g de filet de dorade
- 1 pointe de safran
- 150 g de fromage blanc 0 % MG
- sel, poivre

Disposer les filets de dorade dans un plat allant au four. Saler et poivrer. Répartir dessus la pointe de safran mélangé dans le fromage blanc. Couvrir avec une feuille de papier d'aluminium.
Enfourner pendant une dizaine de minutes au four chauffé à 210 °C – th. 7.

Dorade en croûte de sel

Préparation : 10 min – Cuisson : 1 h 30
Pour 4 personnes

- 1 dorade de 1 kg à 1,5 kg
- 5 kg de gros sel marin

Vider la dorade, mais ne pas l'écailler.
Préchauffer le four à 250 °C – th. 8.
Choisir une cocotte allant au four, légèrement plus grande que le poisson. Tapisser le fond et les bords de papier d'aluminium. Remplir le fond de la cocotte sur 3 cm d'épaisseur de gros sel. Poser la dorade dessus, et la couvrir avec le reste du sel. Le poisson doit être entièrement couvert. Mettre au four. Laisser cuire 1 h, puis réduire la température à 180 °C – th. 6, et continuer la cuisson pendant 30 min. Démouler le contenu de la cocotte sur une planche en renversant le bloc de sel.
Le déposer sur la table et le casser à l'aide d'un marteau.

Dorade en papillote à la compote d'oignons

Préparation : 20 min – Cuisson : 15 min
Pour 1 personne

- 1 gros oignon
- 2 filets de dorade
- 1 cuiller à soupe de persil haché
- sel, poivre

Éplucher et hacher l'oignon. Faire cuire dans une poêle antiadhésive légèrement huilée à feu doux. L'oignon ne doit pas colorer.

Préchauffer le four à 180 °C – th. 6.

Sur deux feuilles de papier sulfurisé, étaler les oignons et poser dessus un filet de dorade. Saler, poivrer, parsemer de persil.

Fermer les papillotes et les mettre dans un plat au four une quinzaine de minutes.

Escalopes de saumon rôties à la sauce moutarde

Préparation : 20 min – Cuisson : 15 min
Pour 4 personnes

- 4 pavés de saumon de 200 g
- 2 échalotes
- 1 cuiller à soupe de moutarde douce
- 6 cuillers à café de fromage blanc
- aneth ciselé
- sel, poivre

Mettre le saumon pendant quelques minutes au congélateur pour pouvoir le découper en tranches fines de 50 g.

Dans une poêle antiadhésive, faire dorer les tranches de poisson 1 min de chaque côté à feu moyen. Réserver au chaud.

Éplucher et hacher les échalotes. Dans la même poêle, les faire blondir, les couvrir de moutarde et de fromage blanc, et laisser épaissir 5 min à feu doux. Remettre le saumon et l'aneth ciselé quelques instants dans la poêle.

Servir sans attendre.

Filet de bar à la vapeur de menthe cannelle

Préparation : 10 min – Cuisson : 10 min
Pour 4 personnes

- 3 branches de menthe fraîche
- 1/2 cuiller à café de cannelle en poudre
- 2 bâtons de cannelle
- 4 filets de bar avec la peau
- 10 g de gros sel
- 1/2 citron jaune
- sel, poivre

Faire chauffer dans le fond d'un couscoussier, ou d'un cuit-vapeur, de l'eau additionnée de menthe fraîche et de cannelle en poudre. Garder quelques feuilles de menthe pour le service.

Dans la partie supérieure du couscoussier ou de l'appareil à vapeur, mettre les filets à cuire pendant 10 min.

Présenter le poisson assaisonné d'un filet de jus de citron. Décorer de feuilles de menthe fraîche et d'un demi bâton de cannelle.

Filet de cabillaud aux échalotes et à la moutarde

Préparation : 20 min – Cuisson : 15 min
Pour 2 personnes

- 4 échalotes
- 50 g de fromage blanc 0 %MG
- 1 cuiller à soupe de moutarde
- 2 cuillers à soupe de jus de citron
- 400 g de filet de cabillaud
- sel, poivre

🐟 Préchauffer le four à 180 °C – th. 6.

Hacher les échalotes. Les mettre dans une casserole avec 1 cuiller à soupe d'eau et les faire réduire jusqu'à ce qu'elles deviennent translucides.

Mélanger le fromage blanc avec la moutarde et le jus de citron, assaisonner.

Mettre la réduction d'échalotes au fond d'un plat allant au four. Déposer dessus le cabillaud et napper avec la sauce au fromage blanc. Enfourner pendant environ 15 min.

Filet de lieu à l'indienne

Préparation : 20 min – Cuisson : 7 min
Pour 2 personnes

- 1 sachet de court-bouillon dégraissé
- 300 g de filet de lieu
- 1 oignon moyen
- 1 jaune d'œuf
- 1/2 cuiller à café de curry
- 1 pincée de safran
- 1 cuiller à soupe de persil haché
- sel, poivre

🐟 Porter à ébullition 25 cl d'eau avec le court-bouillon. Y pocher les filets de lieu pendant 5 min environ.

Pendant ce temps-là, peler l'oignon, le faire dorer dans une poêle antiadhésive légèrement huilée. Mouiller avec une tasse de court-bouillon et laisser réduire 2 min.

Ajouter le jaune d'œuf délayé dans un peu de liquide. Laisser épaissir doucement. Assaisonner. Ajouter le curry et le safran.

Dresser les filets de lieu dans un plat chaud et napper avec cette sauce. Saupoudrer de persil haché.

Filet de merlan à la normande

Préparation : 20 min – Cuisson : 22 min
Pour 2 personnes

- 150 g de moules entières
- 300 g de filets de merlan
- 1 feuille de laurier
- quelques brins de thym
- 1 cuiller à café d'ail haché
- 1 cuiller à café de coulis de tomate
- 4 cuillers à café de fromage blanc 0 % MG
- sel, poivre

Cuire les moules 8 à 10 min dans une poêle couverte, jusqu'à ouverture des coquilles. Enlever les coquilles et récupérer 10 cl de jus.

Dans une cocotte, faire cuire les filets de poisson avec le laurier, le thym, l'ail et le jus des moules. Laisser mijoter 10 min.

Ôter le poisson de la cocotte, y mettre le coulis, le fromage blanc et les moules. Cuire 2 min à feu très doux, en napper les filets.

Filet de sole

Préparation : 10 min – Cuisson : 2 min
Pour 1 personne

- 200 g de filet de sole
- 1 tomate fraîche
- 1 gousse d'ail hachée
- quelques câpres
- 4 feuilles de basilic

Mettre le filet de sole dans un plat allant au micro-ondes.

Dans un autre plat, mélanger la tomate écrasée, l'ail, les câpres et le basilic.

Garnir le filet de poisson de ce mélange et couvrir.

Cuire au micro-ondes pendant 2 min en haute puissance.

Filet de sole à l'oseille

Préparation : 20 min – Cuisson : 4 min
Pour 2 personnes

- 4 filets de sole
- 2 citrons pressés
- 10 petites feuilles d'oseille hachées
- sel, poivre

🍴 Laver et essuyer les filets de poisson. Les faire mariner pendant au moins 2 h dans le jus de citron et l'oseille hachée, puis égoutter.

Dans une poêle antiadhésive, griller les filets marinés sur chaque face. Saler et poivrer.

Servir les filets arrosés du jus de la marinade.

Gâteau de crevettes

Préparation : 10 min – Cuisson : 30 min
Pour 2 personnes

- 4 œufs
- 500 g de fromage blanc 0 % MG
- 300 g de crevettes décortiquées
- sel, poivre

🍴 Casser les œufs et les assaisonner. Les battre en omelette et y incorporer le fromage blanc en mélangeant bien, puis les crevettes.

Mettre le tout dans un moule allant au four, puis faire cuire durant 30 min à 200 °C – th. 6.

Gâteau de poisson

Préparation : 10 min – Cuisson : 45 min
Pour 1 personne

- 3 œufs
- 6 cuillers à soupe de faisselle à 0 % MG, bien égouttée
- 1 cuiller à soupe de Maïzena®
- ail, persil, ciboulette
- 1 beau filet de poisson (cabillaud ou lieu)
- 3 surimis
- sel, poivre

Séparer les blancs des jaunes.
Battre les blancs en neige et les mélanger délicatement avec les jaunes. Puis incorporer le fromage, la Maïzena®, l'ail, le persil et la ciboulette. Placer le filet de poisson émietté et le surimi coupé en rondelles. Assaisonner.
Disposer la préparation dans un moule tapissé de papier sulfurisé et faire cuire pendant 45 min au four à 130 °C – th. 4-5.

Lamelles crues de bonite

Préparation : 15 min – Sans cuisson
Pour 1 ou 2 personnes

- 300 g de bonite
- 1 cuiller à soupe de sauce soja
- 1 cuiller à soupe de jus de citron
- 1 cuiller à soupe d'huile de paraffine à l'estragon
- quelques gouttes de Tabasco®
- 1 cuiller à soupe de fines herbes hachées
- sel

Couper le poisson légèrement congelé en lamelles très fines.

Préparer la marinade en mélangeant les autres ingrédients et badigeonner le poisson.
Servir sur assiette décorée de citrons.

Lieu aux câpres

Préparation : 25 min – Cuisson : 10 min
Pour 2 personnes

- 4 tranches de lieu jaune
- 1 feuille de laurier
- 1 yaourt 0 % MG
- 1 jaune d'œuf
- 2 cuillers à soupe de jus de citron
- 2 cuillers à soupe de câpres
- 1 cuiller à soupe de persil plat
- 1 cuiller à soupe de ciboulette
- 3 grains de poivre
- sel

Essuyer les tranches de lieu et les déposer dans une grande sauteuse antiadhésive. Ajouter le laurier le poivre en grains et le sel. Couvrir d'eau froide. Faire chauffer à feu doux et laisser frémir pendant 10 min.

Verser le yaourt dans une petite casserole et faire chauffer à feu doux. Mélanger dans un bol le jaune d'œuf et le jus de citron, puis les verser dans la casserole en fouettant vivement jusqu'au frémissement. Ajouter les câpres, le persil et la ciboulette hachée finement. Égoutter le poisson et le présenter dans un plat de service, nappé de sauce.

Maquereaux à la bretonne

Préparation : 30 min – Cuisson : 30 min
Pour 3 personnes

- 3 échalotes
- 1 petit bouquet de persil
- 2 cuillers à soupe de ciboulette
- 6 maquereaux
- 6 cuillers à soupe de vinaigre de cidre

Hacher les échalotes, le persil et la ciboulette, puis réserver.
Vider les poissons par les ouïes et laver l'intérieur. Couper les queues et les nageoires.
Découper 6 feuilles de papier d'aluminium épais et y déposer les poissons. Les farcir de hachis d'herbes. Ajouter le vinaigre dans chaque papillote. Fermer hermétiquement et déposer sur la grille du barbecue ou enfourner à 190 °C – th. 6-7 pendant environ 30 min.

Méli-mélo de thon

Préparation : 10 min – Sans cuisson
Pour 2 personnes

- 480 g de thon au naturel
- 1 cuiller à café de câpres hachées
- 40 g d'oignon haché
- 1 cuiller à soupe de persil
- 3 pincées de curry
- quelques gouttes de Tabasco®

Égoutter le thon et mélanger tous les ingrédients.
Mêler le thon à la fourchette.
Servir frais.

Mousse de Saint-Jacques

Préparation : 15 min – Cuisson : 15 min
Pour 4 personnes

- 8 noix de Saint-Jacques
- 200 g de fromage blanc 0 % MG
- 2 œufs
- sel, poivre

🦞 Mixer les noix de Saint-Jacques avec le fromage blanc, ajouter les jaunes d'œufs, puis assaisonner. Incorporer délicatement les blancs en neige.

Mettre cette préparation dans 4 ramequins et cuire pendant 15 min à la vapeur. Démouler, et servir chaud avec une sauce crème citronnée.

Omelette aux fruits de mer

Préparation : 20 min – Cuisson : 30 min
Pour 2 personnes

- 2 œufs
- 25 cl de lait écrémé
- 1 petite boîte de crevettes
- 1 petite boîte de crabe
- 1 petite boîte de moules
- sel, poivre

🦞 Battre les œufs avec le lait dans un saladier.

Égoutter les fruits de mer, et les ajouter dans le saladier.

Mélanger et assaisonner. Verser la préparation dans des ramequins.

Faire cuire au four au bain-marie pendant 30 min à 210 °C – th. 7.

Pain de poisson

Préparation : 10 min – Cuisson : 40 min
Pour 2 personnes

- 300 g de thon au naturel
- 75 g de Maïzena®
- 3 œufs
- 1/2 verre de lait écrémé (10 cl)
- 1 sachet de levure
- sel, poivre

Émietter et mélanger le thon aux autres ingrédients.

Verser la préparation dans un moule à cake et enfourner à 200 °C – th. 6-7, pendant 40 min.

Servir froid avec un coulis de tomates, de la mayonnaise Dukan ou encore une sauce cocktail de crevettes.

Poisson au four

Préparation : 15 min – Cuisson : 55 min
Pour 4 personnes

- 800 g de filets de poisson (daurade, cabillaud ou lieu)
- 300 g de fromage blanc 0 % MG
- 4 œufs
- 5 cuillers à soupe d'herbes hachées (persil, estragon, ciboulette)
- sel, poivre

Mettre les filets de poisson en papillotes de papier sulfurisé avec du sel et du poivre et faire cuire 10 min à four chaud – th. 7. Déposer les filets cuits dans un mixeur avec le fromage blanc, les œufs, le sel, le poivre et les fines herbes, et hacher le tout.

Mouiller un moule allant au four avant d'y verser la préparation. Cuire au bain-marie dans le four, pendant environ 45 min, à 180 °C – th. 6.

Raie sauce blanche

Préparation : 20 min – Cuisson : 10 min
Pour 2 personnes

- 2 ailes de raie
- 3 feuilles de laurier
- 2 cuillers à soupe de vinaigre à l'estragon
- 1 échalote
- 30 g de câpres
- 100 g de fromage blanc 0 % MG
- sel, poivre

Faire pocher la raie et le laurier dans 75 cl d'eau vinaigrée que vous faites frémir pendant 8 à 10 min. Pendant ce temps, faire revenir à feu moyen l'échalote avec un peu de vinaigre, du sel et du poivre. Lorsque l'échalote semble un peu confite, baisser le feu au minimum et ajouter les câpres et le fromage blanc, remuer lentement, sans faire trop chauffer cette sauce.
Servir la raie, après l'avoir pelée, napper de sauce blanche.

Rillettes de maquereaux

Préparation : 20 min – Cuisson : 20 min
Pour 4 personnes

- 1 sachet de court-bouillon
- 2 citrons
- 1 kg de maquereaux
- 5 cuillers à soupe de moutarde au poivre vert ou à l'estragon
- persil (ou ciboulette)
- sel gris de mer

Préparer bien à l'avance votre court-bouillon pour qu'il ait le temps de refroidir.
Nettoyer et laver les maquereaux sans oublier d'ôter

la petite membrane noire à l'intérieur. Plonger les poissons dans le court-bouillon froid salé au sel gris. Chauffer à feu vif, puis, dès l'apparition des premiers gros bouillonnements, éteindre le feu, couvrir et laisser en attente 5 min. Sortir les maquereaux et les laisser refroidir. À l'aide d'un couteau, leur ôter la peau et détacher les filets de chaque poisson puis écraser la chair à la fourchette.

Mélanger à la pâte obtenue la moutarde diluée avec le jus des citrons et soit de la ciboulette, soit du persil, haché finement. Tasser la crème obtenue dans des petits pots en grès décorés de petits quartiers de citron et de brins de persil.

Roulé au saumon fumé

Préparation : 10 min – Cuisson : 4 min par omelette
Pour 3 personnes

- 3 œufs
- 3 cuillers à soupe d'eau
- 3 cuillers à café de Maïzena®
- 250 g de fromage blanc 0 % MG
- 2 cuillers à soupe de ciboulette hachée
- 1 cuiller à soupe de gingembre haché
- 100 g de saumon fumé haché
- quelques branches de persil
- poivre

Mélanger 1 œuf, 1 cuiller à soupe d'eau, 1 cuiller à café de Maïzena® et en faire une omelette fine. Répéter l'opération avec le reste des œufs, de l'eau et de la Maïzena®. Étaler le fromage blanc délicatement sur chaque omelette, saupoudrer de ciboulette, de gingembre, répartir le saumon, poivrer.

Rouler chaque omelette, bien serrée dans un film alimentaire. Les laisser au réfrigérateur pendant 3 h. Couper en tranches à l'aide d'un couteau bien aiguisé et servir sur un plat décoré de persil.

Saumon farci

Préparation : 30 min – Cuisson : 40 min
Pour 6 personnes

- 1 bouquet de persil plat
- 1 bouquet de coriandre
- 1/2 piment
- 5 tiges de citronnelle
- 2 bottes d'oignons nouveaux
- 4 gousses d'ail
- 1 citron
- 1 cuiller à café de cumin
- 1 cuiller à café de gingembre frais râpé
- 1 petit verre de vin blanc (10 cl)
- 1 saumon d'environ 1,5 kg sans l'arête centrale
- 2 œufs
- sel, poivre

Hacher le persil, la coriandre, le piment, la citronnelle, les oignons et l'ail.

Couper le citron en fines lamelles. L'ajouter à la marinade.

Mélanger le tout dans un récipient, ajouter le cumin et le gingembre, lier au vin blanc et laisser mariner quelques heures au frais.

Fendre le saumon, le saler et le poivrer.

Farcir l'intérieur du poisson avec la marinade.

Enfourner à th. 6 le poisson pendant 40 min, posé sur une feuille de papier sulfurisé.

Saumon fumé au petit suisse

Préparation : 5 min – Sans cuisson
Pour 2 personnes

- 300 g de fromage blanc
  0 % MG
- 2 petits suisses 0 % MG
- 1 petit pot d'œufs de
  saumon
- 4 tranches de saumon
  fumé
- sel, poivre

Battre ensemble le fromage blanc et les petits suisses. Incorporer délicatement les œufs de saumon, le sel et le poivre.

Déposer un peu du mélange sur chaque tranche de saumon. Rouler la tranche et maintenir avec un brin de ciboulette ou une pique en bois. Garder au frais jusqu'au moment de servir.

Décorer avec quelques touches d'œufs de saumon. Déguster avec les blinis Dukan.

Tartare de crevettes

Préparation : 10 min – Sans cuisson
Pour 2 personnes

- 5 brins d'aneth
- 6 cuillers à soupe de
  mayonnaise Dukan
- 250 g de crevettes roses
  cuites et décortiquées
- 2 pincées de paprika
- poivre

Laver et ciseler très finement l'aneth. L'incorporer à la mayonnaise.

Hacher grossièrement les crevettes.

Les mettre dans la mayonnaise. Saupoudrer de paprika.

Mélanger de nouveau. Poivrer.

Tartare de dorade épicée

Préparation : 15 min – Sans cuisson
Pour 4 personnes

- 1,2 kg de dorade royale
- 2 citrons
- 3 oignons nouveaux
- 1 concombre
- 1 bouquet d'herbes
  (persil plat, aneth,
  cerfeuil, ciboulette)
- quelques gouttes de
  Tabasco®
- sel, poivre

Hacher grossièrement le poisson dans le robot, et presser les citrons. Peler et hacher les oignons. Éplucher le concombre et le couper en petits dés. Laver et hacher les herbes.
Dans un grand saladier, mélanger tous les ingrédients. Assaisonner avec le sel, le poivre et le Tabasco®.

Tartare de loup aux citrons verts

Préparation : 20 min – Sans cuisson
Pour 2 personnes

- 2 échalotes
- quelques brins de
  ciboulette
- 400 g de filet de loup
- 4 citrons verts
- 125 g de fromage blanc
  0 % MG
- 1/2 citron
- sel, poivre

Hacher finement les échalotes, ciseler la ciboulette, hacher grossièrement le poisson avec un couteau. Mélanger, assaisonner.
Dresser sur des assiettes garnies de rondelles de citron vert.

Fouetter légèrement le fromage blanc, assaisonner, ajouter le jus d'un demi-citron. Verser sur le tartare et servir froid.

Tartare de thon

Préparation : 15 min – Sans cuisson
Pour 4 personnes

- 1 kg de thon
- 1 citron vert
- 1 gousse d'ail
- 5 cm de racine de gingembre
- 1/2 botte de ciboulette
- 1 cuiller à soupe de fromage blanc 0 % MG
- 1 cuiller à café d'huile de paraffine
- sel, poivre

Couper le thon en petits dés et l'arroser avec le jus de citron.

Dans une jatte, mélanger l'ail pressé, le gingembre râpé, la ciboulette ciselée, le fromage blanc et l'huile. Saler, poivrer, ajouter le poisson. Mélanger et mettre au réfrigérateur durant 15 min.

Tartare de thon et de dorade

Préparation : 20 min – Sans cuisson
Pour 6 personnes

- 400 g de thon
- 400 g de filets de dorade
- 1 cuiller à soupe d'huile de paraffine à l'estragon mélangée à 1 cuiller à soupe de Perrier®
- 1 citron vert
- 1 échalote
- 6 brins d'aneth
- 6 cuillers à café d'œufs de saumon
- baies roses
- sel, poivre

🐟 Hacher finement la tranche de thon et la dorade.

Arroser d'huile et de jus de citron. Saler, poivrer.

Ajouter l'échalote hachée et l'aneth ciselé.

Répartir dans 6 ramequins. Réfrigérer pendant 15 min et démouler.

Déposer une cuiller d'œufs de saumon sur chaque ramequin.

Parsemer de baies roses et décorer d'aneth.

Servir avec une chiffonnade de laitue et des rondelles de citron vert.

Terrine aux fruits de mer

Préparation : 15 min – Cuisson : 30 min
Pour 2 personnes

- 2 cuillers à soupe de son de blé
- 4 cuillers à soupe de son d'avoine
- 3 cuillers à soupe de fromage blanc 0 % MG
- 3 œufs
- 1 bonne poignée de mélange de fruits de mer (frais ou surgelés)
- sel, poivre et aromates

🐟 Mélanger tous les ingrédients jusqu'à obtenir une préparation onctueuse.

Déposer la pâte dans un moule à cake recouvert de papier cuisson.

Faire cuire au four à 180 °C – th. 6.

Terrine de merlan

Préparation : 20 min – Cuisson : 20 min
Pour 2 personnes

- 600 g de merlan
- 1 sachet de court-bouillon dégraissé
- 1 œuf
- 2 cuillers à soupe de fromage blanc 0 % MG
- basilic, estragon, coriandre
- sel, poivre

Faire cuire le merlan au court-bouillon. Le mixer et le mélanger avec l'œuf battu et le fromage blanc. Saler, poivrer, puis ajouter les fines herbes. Disposer la préparation dans des ramequins, et faire cuire au bain-marie pendant 20 min.

Terrine de saumon et lotte au citron vert

Préparation : 30 min – Sans cuisson
Pour 2 à 3 personnes

- 400 g de filet de saumon frais
- 200 g de filet de lotte parfaitement pelé
- 10 cl de jus de citron vert
- 1 soupçon de Tabasco®
- 1 pincée de noix de muscade
- poivre
- 2 sachets de gelée au madère
- 1 cuiller à café de baies roses
- 4 petits oignons blancs
- 2 grosses tiges de basilic

Couper les poissons en fines tranches, les poser dans un plat creux.
Mélanger le citron, le Tabasco®, la muscade et le poivre.

Verser sur les poissons. Laisser mariner pendant 1 h au réfrigérateur.

Pendant ce temps, préparer la gelée suivant le mode d'emploi, avec 50 cl d'eau pour les 2 sachets. Laisser refroidir à température ambiante.

Égoutter les poissons. Tapisser de film alimentaire un moule à cake d'au moins 1 l. Laisser le film largement dépasser. Verser 2 mm de gelée au fond du moule et faire prendre au réfrigérateur. Ensuite, alterner lotte et saumon, en disséminant les baies roses à peine concassées, les oignons hachés et le basilic ciselé. Verser la gelée. Secouer un peu pour qu'elle coule jusqu'au fond sans laisser de trous. Rabattre le film sur le tout. Faire prendre au moins 4 h au froid.

Terrine de thon

Préparation : 15 min – Cuisson : 50 min
Pour 2 personnes

- 2 boîtes de thon au naturel
- 2 ou 3 cuillers à soupe de fromage blanc 0 % MG
- 2 œufs
- quelques câpres
- sel, poivre

Mixer 1 boîte et demi de thon. Réserver le reste. Ajouter le fromage blanc, les œufs, le poivre et le sel en mélangeant bien de manière homogène.

Ajouter le reste du thon non mixé et les câpres.

Verser la préparation dans un moule à cake tapissé de papier cuisson et enfourner pendant 45 à 50 min à 180 °C – th. 6.

Thon grillé

Préparation : 15 min – Cuisson : 10 min
Pour 2 personnes

- 2 tiges de persil
- 1 petit bouquet d'origan frais
- 1 petit bouquet de thym
- 3 ou 4 feuilles de laurier
- 1 citron
- 1 cuiller à café de graines de moutarde
- 1 tranche de thon d'environ 400 à 500 g

Dans un bol, hacher très finement les herbes et broyer le laurier, ajouter le jus du citron et les graines de moutarde. Bien mélanger.

Enduire chaque face de la tranche de thon de cette marinade.

Faire cuire le poisson 5 min au gril (ou dans une poêle huilée) de chaque côté à feu vif en arrosant avec la marinade.

LES GALETTES

Galette au fromage blanc

Préparation : 20 min – Cuisson : 40 min
Pour 2 personnes

- 5 œufs
- 25 cl de litre de lait écrémé
- 250 g de poudre de protéines pures
- quelques feuilles de basilic
- 250 g de fromage blanc 0 % MG
- 1/2 sachet de levure
- quelques cornichons
- 100 g de jambon
- 1 bouquet de ciboulette
- sel, poivre

Faire une omelette dans une grande terrine. Incorporer peu à peu le lait, la poudre de protéines, le sel, le poivre et les feuilles de basilic. Travailler vigoureusement avec une spatule, afin d'obtenir une pâte lisse.

Ajouter peu à peu, en travaillant avec la spatule, le fromage blanc et, en dernier lieu, la levure. Ajouter ensuite un ou plusieurs des ingrédients suivants : cornichons (et/ou) jambon (et/ou) ciboulette...

Verser dans le moule à tarte.

Enfourner à 200 °C – th. 6-7, pendant 40 min.

Laisser refroidir et démouler pendant que le plat est encore tiède. Ce gâteau se déguste tiède ou froid, à l'apéritif.

Galettes salées

Préparation : 20 min – Cuisson : 30 à 35 min
Pour 1 personne

Base pour la galette :
- 2 cuillers à soupe de son d'avoine
- 1 cuiller à soupe de son de blé
- 1 cuiller à soupe de fromage blanc 0 % MG
- 2 carrés frais Gervais™ 0 % MG
- 3 œufs dont les blancs battus en neige
- sel, poivre

Ingrédients au choix :
- 185 g de thon en miettes
ou
- 200 g de saumon fumé
ou
- 150 g de jambon sans la couenne
ou
- 150 g de viande hachée

Mélanger tous les ingrédients de base (sauf les blancs d'œufs) pour obtenir une pâte homogène. Ajouter des herbes à votre goût, saler, poivrer.

Enfin, incorporer les ingrédients de votre choix et les blancs battus en neige.

Une fois la préparation terminée, la verser dans la poêle chauffée à feu moyen et laisser cuire pendant environ 30 min, retourner à l'aide d'une spatule et poursuivre la cuisson encore 5 min.

Galettes sucrées

Préparation : 20 min – Cuisson : 30 à 35 min
Pour 1 personne

Base pour la galette :
- 2 cuillers à soupe de son d'avoine
- 1 cuiller à soupe de son de blé
- 1 cuiller à soupe de fromage blanc 0 % MG
- 2 carrés frais Gervais™ 0 % MG
- 1 cuiller à soupe d'Hermesetas®
- 3 œufs dont les blancs battus en neige

Arômes au choix :
- 1 cuiller à café de cacao Van Houten® mélangé à 1 jaune d'œuf

ou

- 2 cuillers à soupe d'arôme amande amère sans huile ni sucre

ou

- 2 cuillers à soupe d'eau de fleur d'oranger

☕ Mélanger tous les ingrédients de base (sauf les blancs d'œufs) pour obtenir une pâte homogène.

Puis incorporer les arômes de votre choix et les blancs battus en neige.

Une fois la préparation terminée, la verser dans la poêle chauffée à feu moyen et laisser cuire pendant environ 30 min, retourner à l'aide d'une spatule et poursuivre la cuisson encore 5 min.

Pour la galette au chocolat, napper la préparation sur la galette préalablement cuite.

Galette à la viande des Grisons

Préparation : 25 min – Cuisson : 45 min
Pour 1 personne

- 5 ou 6 tranches de viande des Grisons
- 1 cuiller à soupe de cancoillotte 5 % MG

☕ Préparer la base de la galette. Une fois cuite, y déposer les tranches de viande des Grisons et 1 cuiller à soupe de cancoillotte.
Mettre le tout sous le gril du four à gratiner.

Le pain Dukan

Préparation : 5 min – Cuisson : 10 min
Pour 1 personne

- 1 œuf
- 1 petit suisse
- 1 cuiller à soupe de Maïzena® pas trop bombée
- 1 cuiller à café de levure
- aromates secs au choix
- Attention, ne pas mettre de sel !

☕ Mélanger les ingrédients et les verser dans un plat rectangulaire de 15 cm x 20 cm. L'épaisseur doit être d'au moins 5 mm, sinon prendre un plat plus petit. Recouvrir celui-ci d'un cellophane (sauf pour la cuisson au four) et mettre au micro-ondes puissance maxi pendant 5 min, ou au four à 200 °C – th. 7, pendant au moins 10 min.
Lorsque le pain est cuit, ôter immédiatement le cellophane et démouler pour qu'il ne retombe pas.

Pizza au thon

Préparation : 20 min – Cuisson : 25 min
Pour 1 personne

- 1 boîte de pulpe de tomates (50 cl)
- 1 gros oignon
- 1 cuiller à café de thym, d'origan et de basilic
- 2 pincées de poivre
- 180 g de thon au naturel
- 2 cuillers à soupe de câpres
- 6 cuillers à café de cancoillotte
- sel

Pour la pâte, utiliser la recette de la galette au son d'avoine.

Égoutter la pulpe de tomates. Faire fondre l'oignon dans une poêle antiadhésive légèrement huilée, ajouter les tomates, les herbes et le poivre et le sel. Laisser mijoter à feu doux pendant 10 min.

Égoutter et émietter le thon, puis réserver.

Étaler la compote de tomates sur la galette, répartir le thon, les câpres et la cancoillotte (facultatif). Enfourner pendant 25 min à 175 °C – th. 5-6.

Tarte à la cannelle

Préparation : 25 min – Cuisson : 40 min
Pour 4 personnes

- 3 œufs
- aspartam
- 25 cl de petits suisses 0 % MG
- 1 cuiller à soupe de cannelle en poudre
- 1 gousse de vanille
- 1 fond de pâte préparé avec la recette de la galette

Casser les œufs dans une terrine et les battre en omelette. Ajouter l'aspartam (suivant votre goût) et fouetter jusqu'à obtenir une consistance onctueuse. Incorporer ensuite les petits suisses et la cannelle. Fendre la gousse de vanille, gratter les petites graines et les ajouter à la préparation.

Tapisser un moule à tarte de papier de cuisson. Déposer la pâte à galette au fond du plat, et faire cuire 10 min au four à 220 °C – th. 7-8.

Verser la garniture sur le fond de tarte et enfourner pendant encore 30 min.

LES DESSERTS

Bavarois de fromage blanc
à la vanille

Préparation : 15 min – Sans cuisson
Pour 2 personnes

- 3 feuilles de gélatine
- 2 blancs d'œufs

- 440 g de fromage blanc
  0 % MG à la vanille
- édulcorant

Mettre la gélatine à tremper pendant 5 min dans de l'eau froide.

Monter les blancs d'œufs en neige ferme.

Faire chauffer 3 cuillers à soupe d'eau à feu doux. Mettre les feuilles de gélatine essorées dans l'eau chaude, mélanger pour les liquéfier.

Fouetter le fromage blanc, ajouter les blancs montés en neige, ajouter la gélatine liquide, fouetter encore 2 à 3 min. Édulcorer à l'aspartam.

Mettre au frais toute la nuit.

Biscuit de Savoie

Préparation : 30 min – Cuisson : 40 min
Pour 2 personnes

- 3 œufs
- 6 cuillers à soupe
  d'aspartam en poudre
- 1 cuiller à soupe d'arôme
  vanille sans huile

- 7 cuillers à soupe de
  Maïzena®
- 1/2 sachet de levure

Préchauffer le four à 160-180 °C – th. 6.

Dans une terrine, battre les jaunes d'œufs avec

l'aspartam et l'arôme vanille jusqu'à ce que le mélange soit crémeux.

Ajouter la Maïzena® et la levure. Battre les blancs en neige et les incorporer.

Verser dans un moule à manqué de 22 à 24 cm tapissé de papier cuisson. Faire cuire 35 à 40 min au four.

Démouler chaud et laisser refroidir sur une grille.

Blanc-manger

Préparation : 25 min – Sans cuisson
Pour 4 personnes

- 2 feuilles de gélatine
- 400 g de fromage blanc 0 % MG
- 3 cuillers à soupe d'édulcorant
- 8 à 10 gouttes d'extrait d'amande amère
- 1 blanc d'œuf

Mettre à tremper les feuilles de gélatine dans un bol d'eau froide.

Dans une petite casserole, faire chauffer à feu doux 50 g de fromage blanc. Incorporer la gélatine soigneusement égouttée et pressée. Bien mélanger jusqu'à parfaite dissolution.

Dans un saladier, verser le fromage blanc restant, les 2 cuillers à soupe d'édulcorant et l'extrait d'amande, et fouetter pour obtenir une préparation lisse, puis ajouter au mélange le fromage blanc à la gélatine.

Monter le blanc d'œuf en neige ferme. Lorsqu'il est presque ferme, ajouter le reste de l'édulcorant et fouetter encore quelques secondes. Incorporer délicatement le blanc d'œuf au fromage blanc.

Répartir la préparation dans 4 ramequins et placer au réfrigérateur pendant au moins 2 h.

Cheesecake

Préparation : 10 min – Cuisson : 12 min
Pour 2 personnes

- 5 cuillers à soupe de fromage blanc 0 % MG
- 2 cuillers à soupe de Maïzena®
- 2 jaunes d'œufs
- 2 cuillers à soupe de jus de citron
- 3 cuillers à soupe d'édulcorant de cuisson
- 5 blancs d'œufs

Mélanger, au fouet, le fromage blanc, la Maïzena®, les jaunes d'œufs, le citron et l'édulcorant, jusqu'à ce que le mélange soit mousseux.

Battre les blancs en neige et les incorporer délicatement à la préparation précédente. Verser dans un moule à soufflé.

Cuire pendant 12 min au micro-ondes à puissance moyenne.

Consommer froid.

Cookies

Préparation : 10 min – Cuisson : 20 min
Pour 1 personne

- 2 œufs
- 1/2 cuiller à café d'Hermesetas® liquide
- 20 gouttes de vanille liquide sans huile
- 1 cuiller à soupe de son de blé
- 2 cuillers à soupe de son d'avoine

Mélanger dans un récipient les 2 jaunes d'œufs, l'édulcorant, la vanille et les sons.

Battre les blancs d'œufs en neige très ferme et les incorporer délicatement à la préparation précédente. Verser la préparation dans un moule plat.

Mettre dans le four préchauffé à 180 °C – th. 6, pendant 15 à 20 min.

Crème au café

Préparation : 5 min – Cuisson : 20 min
Pour 4 personnes

- 60 cl de lait écrémé
- 1 cuiller à café d'extrait de café (ou de café soluble)
- 3 œufs
- 3 cuillerées à soupe d'édulcorant

 Faire bouillir le lait et l'extrait de café.
Battre les œufs avec l'édulcorant et incorporer le mélange lait et café, tout en remuant.
Verser la préparation dans des ramequins et faire cuire dans un bain-marie au four pendant 20 min à 140 °C – th. 4.
Servir frais.

Crème au chocolat

Préparation : 5 min – Cuisson : 15 min
Pour 4 personnes

- 40 cl de lait
- 4 pincées de cannelle en poudre
- 20 gouttes de vanille
- 4 cuillers à soupe de cacao Van Houten®
- 4 cuillers à soupe d'édulcorant
- 4 œufs

Porter le lait, la cannelle et la vanille à ébullition. Ajouter le cacao et l'édulcorant.
Laisser tiédir.

Fouetter les œufs et incorporer le lait tiédi. Verser dans des ramequins.
Cuire au bain-marie pendant 15 min au four – th. 6.

Crème aux épices

Préparation : 20 min – Cuisson : 20 min
Pour 4 personnes

- 25 cl de lait écrémé
- 1 gousse de vanille
- 1/2 cuiller à café de cannelle en poudre
- 1 clou de girofle
- 1 anis étoilé
- 2 jaunes d'œufs
- 2 cuillers à soupe d'édulcorant
- 200 g de fromage blanc 0 % MG

Mettre le lait, la gousse de vanille fendue en deux dans le sens de la longueur, la cannelle, le clou de girofle et l'anis dans une casserole et porter à ébullition.

Dans un saladier, battre les jaunes d'œufs avec l'édulcorant jusqu'à ce que le mélange blanchisse.

Verser le lait chaud peu à peu sur les jaunes d'œufs en remuant sans arrêt.

Reverser la préparation dans la casserole, et la faire cuire 12 min à feu doux en remuant fréquemment jusqu'à ce que la crème nappe la cuiller.

Filtrer la crème et la laisser tiédir.

Incorporer le fromage blanc à la crème refroidie.

Mettre au réfrigérateur.

Servir frais.

Crème à la vanille

Préparation : 15 min – Cuisson : 20 min
Pour 2 personnes

- 2 tasses de lait écrémé
- 3 œufs
- 1/2 de tasse d'aspartam
- quelques gouttes d'extrait de vanille
- 1 pincée de noix de muscade râpée

 Préchauffer le four à 180 °C – th. 6.

Graisser avec du beurre un plat allant au four, ou le tapisser d'une feuille de papier sulfurisé.

Fouetter ensemble le lait, les œufs, le sucre et la vanille.

Verser cette préparation dans le plat et saupoudrer de noix de muscade.

Placer ce plat dans un plus grand et remplir ce bain-marie à moitié d'eau froide. Enfourner pendant 20 min jusqu'à ce que la crème soit ferme.

Servir tiède ou froid.

Crème dessert

Préparation : 15 min – Cuisson : 4 min
Pour 4 personnes

- 1 l de lait écrémé
- 3 cuillers à soupe d'aspartam
- 2 cuillers à soupe de cacao dégraissé
- 2 cuillers à soupe de Maïzena®

 Prélever 14 cl de lait froid, et faire bouillir le reste.

Dans un shaker, mettre le lait froid, le sucre, la Maïzena®, le cacao et bien agiter.

Quand le lait commence à monter, verser la préparation du shaker dans la casserole, tout en remuant. Ramener doucement à ébullition à feu moyen et faire juste un bouillon.

Verser dans des petits ramequins.

Crème exotique

Préparation : 5 min – Cuisson : 5 à 10 min
Pour 4 personnes

- 1 œuf
- 1 cuiller à soupe de Maïzena®
- 50 cl de lait écrémé
- 1/2 cuiller à café d'arôme vanille
- 1/4 cuiller à café de cannelle en poudre
- 1 cuiller à café de rhum
- 2 cuillers à soupe d'édulcorant en poudre
- 1 blanc d'œuf

Dans un récipient, battre au fouet longuement l'œuf entier et la Maïzena® et délayer avec 1/2 verre de lait froid (10 cl).

Faire bouillir le reste du lait. L'ajouter en fouettant au mélange précédent.

Reverser le tout dans la casserole.

Cuire à feu doux, en remuant sans cesse avec une spatule en bois. Au premier bouillon, la crème est prise. La retirer aussitôt du feu, et la verser dans une jatte bien froide. Ajouter la vanille, la cannelle et le rhum, puis l'édulcorant. Bien mélanger.

Battre le blanc en neige ferme, l'incorporer avec précaution à la crème encore chaude.

Servir frais.

Crème fouettée

Préparation : 5 min – Sans cuisson
Pour 1 personne

- 4 petits suisses 0 % MG
- 1 cuiller à soupe d'aspartam
- 2 blancs d'œufs

Battre les petits suisses avec l'édulcorant. Incorporer délicatement les blancs d'œufs battus en neige très ferme.
Servir frais.

Crème japonaise

Préparation : 5 min – Sans cuisson
Pour 1 personne

- 10 g de lait écrémé en poudre
- 1 pointe de couteau de café soluble
- 1 g de gélatine
- 2 pastilles de sucre édulcorant

Reconstituer le lait avec 10 cl d'eau. Parfumer au café et le chauffer sans bouillir. Y ajouter la gélatine préalablement ramollie dans de l'eau froide et le sucre de remplacement.
Mettre dans une coupe et réserver au réfrigérateur.

Crème vanille

Préparation : 10 min – Cuisson : 20 min
Pour 5 personnes

- 1 l de lait écrémé
- 100 g d'aspartam
- 1 gousse de vanille
- 3 jaunes d'œufs
- 1 blanc d'œuf

Mettre à bouillir le lait et la gousse de vanille. Retirer du feu pour laisser refroidir, enlever la gousse de vanille et ajouter l'aspartam.

Ajouter au lait refroidi, les jaunes d'œufs et le blanc d'œuf.

Mélanger et verser dans un compotier.

Faire prendre la crème au bain-marie pendant 20 min au four.

Dessert Lisaline

Préparation : 20 min – Cuisson : 30 min
Pour 2 personnes

- 2 œufs
- 6 cuillers à soupe de fromage blanc 0 % MG
- édulcorant liquide
- 1 cuiller à café de jus de citron (ou d'eau de fleur d'oranger)

Préchauffer le four à 180 °C – th. 6.

Séparer les blancs des jaunes. Mélanger les jaunes avec le fromage blanc, l'édulcorant et le parfum.

Monter les blancs en neige.

Battre l'autre mélange jusqu'à ce qu'il soit bien lisse, l'incorporer délicatement aux blancs en neige.

Verser la préparation dans des ramequins, et mettre au four 25 à 30 min, puis 5 à 10 min sous le gril pour faire dorer. Surveiller.

Dessert mouzette

Préparation : 15 min – Sans cuisson
Pour 4 personnes
- 3 feuilles de gélatine
- 2 cuillers à soupe de jus de citron
- 300 g de fromage blanc 0 % MG
- 2 œufs
- édulcorant

Mettre à tremper pendant 10 min la gélatine dans de l'eau froide.

Faire chauffer le jus de citron à feu doux.

Dissoudre la gélatine égouttée dans le jus de citron, puis laisser refroidir.

Mélanger le fromage blanc avec les 2 jaunes d'œufs et l'édulcorant, puis ajouter le jus de citron. Monter les blancs d'œufs en neige. Les incorporer délicatement au reste du mélange.

Mettre dans un petit saladier, au frais, pendant 1 h.

Flan

Préparation : 15 min – Cuisson : 45 min
Pour 4-5 personnes
- 5 œufs
- 37,5 cl de lait écrémé
- 1 gousse de vanille
- 1 pincée de noix de muscade en poudre

Battre les œufs dans un grand saladier.

Faire chauffer le lait sans le faire bouillir avec une gousse de vanille. Verser doucement le lait chaud sur les œufs. Ajouter la muscade en poudre.

Verser la préparation dans des ramequins et mettre au four à 160 °C – th. 5-6, en surveillant.

Flan pâtissier

Préparation : 10 min – Cuisson : 1 h
Pour 6 personnes

- 4 gros œufs
- 2 gousses de vanille

- 5 à 8 cuillers à soupe rases d'édulcorant à cuire
- 50 cl de lait écrémé

 Préchauffer le four à 180 °C – th. 6.
Dans une terrine, battre les œufs avec les gousses de vanille et l'édulcorant. Ajouter le lait puis mélanger.
Verser la préparation dans un plat à bords lisses allant au four.
Mettre à cuire pendant 1 h.

Gâteau au chocolat

Préparation : 15 min – Cuisson : 15 min
Pour 2 personnes

- 3 gros œufs
- 1 cuiller à soupe d'édulcorant

- 10 g de cacao Van Houten®
- 1 pincée de noix de muscade

 Préchauffer le four à 180 °C – th. 6. Séparer les blancs des jaunes d'œufs. Battre les jaunes avec l'édulcorant et le cacao. Monter les blancs en neige ferme.
Incorporer les blancs au chocolat, ajouter la noix de muscade et remplir des ramequins.
Enfourner pendant 10 à 15 min.

Gâteau au fromage blanc

Préparation : 10 min – Cuisson : 30 min
Pour 4 personnes
- 125 g de fromage blanc 0 % MG
- 25 g de Maïzena®
- 1/2 sachet de levure
- le zeste râpé d'1 citron
- 1/2 cuiller à café d'Hermesetas®
- 2 jaunes d'œufs + 4 blancs

Mélanger tous les ingrédients à l'exception des blancs d'œufs. Incorporer progressivement à la préparation les 4 blancs d'œufs battus en neige.
Verser dans un moule allant au four et faire cuire pendant 30 min au four à 200 °C – th. 6-7.
Se déguste froid.

Gâteau au yaourt

Préparation : 15 min – Cuisson : 45 min
Pour 2 personnes
- 3 œufs
- 1 yaourt 0 % MG
- 1/2 cuiller à café d'Hermesetas®
- 1 cuiller à café d'extrait d'orange
- 4 cuillers à soupe de Maïzena®
- 1 sachet de levure

Battre les œufs avec le yaourt, puis ajouter l'édulcorant, l'orange, la Maïzena® et la levure.
Graisser légèrement un moule et verser la préparation dedans.
Mettre au four durant 45 min à 180 °C – th. 6.

Gâteau mousseline à l'orange

Préparation : 20 min – Cuisson : 20 min
Pour 4 personnes

- 1 orange
- 1 œuf
- 10 g d'aspartam
- 80 g de Maïzena®

- 3 cuillers à soupe d'édulcorant
- 6 cuillers à café de crème fraîche 5 % MG
- 3 blancs d'œuf

 Préchauffer le four à 120 °C – th. 4.

Rincer l'orange sous l'eau chaude. Râper une partie de la peau pour obtenir 2 cuillers à café de zeste. Presser l'orange et réserver le jus.

Battre l'œuf entier avec l'aspartam afin d'obtenir un mélange mousseux et aérien. Ajouter la Maïzena®, l'édulcorant et la crème fraîche. Verser le jus d'orange et le zeste. Bien mélanger.

Monter les blancs en neige et les incorporer délicatement à la pâte.

Verser dans un moule à manquer antiadhésif et enfourner pendant 20 min.

Gâteau nana

Préparation : 15 min – Cuisson : 35 min
Pour 2 personnes

- 3 œufs
- 2 grosses cuillers à soupe de Maïzena®
- 1/2 cuiller à café d'Hermesetas®
- 1 citron râpé
- 3 grosses cuillers à soupe de fromage blanc 0 % MG

🍰 Séparer les blancs des jaunes d'œufs, et monter les blancs en neige.

Incorporer aux jaunes la Maïzena®, l'Hermesetas® et le citron. Bien mélanger.

Ajouter les blancs en neige au reste de la préparation. Préchauffer le four à 180 °C – th. 6. Huiler avec l'aide d'un papier absorbant un moule à gâteau, ou des ramequins. Enfourner pendant 30 à 35 min.

Gelée d'amandes

Préparation : 15 min – Cuisson : 3 à 5 min
Pour 2 personnes

- 40 cl de lait écrémé
- 6 gouttes d'extrait d'amande amère sans huile
- 3 feuilles de gélatine

🍰 Dans une casserole, faire chauffer le lait avec l'extrait d'amande amère, et porter à ébullition.

Faire ramollir les feuilles de gélatine dans un peu d'eau froide, les égoutter, puis les incorporer hors du feu au lait bouilli. Mélanger jusqu'à dissolution de la gélatine, verser dans un plat sur une épaisseur de moins de 1 cm et faire prendre la gelée au réfrigérateur.

Génoise

Préparation : 10 min – Cuisson : 20 min
Pour 2 personnes
- 4 œufs
- 100 g d'aspartam à cuire
- le zeste d'1 citron
- 40 g de Maïzena®

Préchauffer le four à 180 °C – th. 6.
Monter les blancs d'œufs en neige. Mélanger les jaunes d'œufs et l'aspartam, ajouter le zeste et la Maïzena®. Mélanger délicatement avec les blancs en neige.
Verser dans un moule tapissé de papier sulfurisé et cuire pendant 20 min, jusqu'à ce que le gâteau soit doré.

Glace allégée

Préparation : 15 min – Sans cuisson
Pour 4 personnes
- 6 petits suisses 0 % MG
- 3 jaunes d'œufs
- 1 cuiller à soupe de crème fraîche
- 75 g d'aspartam
- 2 blancs d'œufs

Battre vivement pendant 2 min les petits suisses, les jaunes d'œufs, la crème, l'aspartam et le parfum de votre choix.
Monter les blancs d'œufs en neige, les incorporer au mélange et verser dans le bac à glace.
Mettre à congeler.

Granité de café à la cannelle

Préparation : 10 min – Sans cuisson
Pour 2 personnes

- 50 cl de café noir chaud
- édulcorant selon votre goût
- 1 cuiller à café de cannelle en poudre
- 3 grains de cardamome

Mélanger le café chaud, l'édulcorant et les épices. Remuer et laisser refroidir.
Verser dans un plat et placer au congélateur environ 1 h.
Mixer la préparation 1 min. Verser de nouveau dans le bac. Réserver environ 15 min au réfrigérateur.
Répartir dans des coupes et servir.

Lassi salé

Préparation : 5 min – Sans cuisson
Pour 4 personnes

- 4 yaourts nature 0% MG
- 1/2 pot de lait écrémé (50 cl)
- 1 pincée de sel
- 1/4 de cuiller à café de cardamome verte pilée
- 3 gouttes d'eau de rose

Mélanger tous les ingrédients et les battre à l'aide d'un fouet.
Verser le lassi dans de jolis verres et les tenir au frais jusqu'au moment de la consommation.

Meringues

Préparation : 10 min – Cuisson : 20 min
Pour 12 meringues environ

- 3 blancs d'œufs
- 6 cuillers à soupe
  d'aspartam en poudre
- 2 cuillers à café de cacao
  Van Houten®
- 2 cuillers à café de café
  très fort

🍰 Battre les blancs d'œufs en neige très ferme.
Ajouter en pluie l'édulcorant en poudre additionné
du cacao, puis le café. Continuer de battre environ
30 secondes.
Répartir en petits tas réguliers sur une plaque.
Enfourner à 150 °C – th. 5 pendant 15 à 20 min.
Pour que les blancs restent bien fermes, ajouter
l'édulcorant lorsque les blancs d'œufs sont déjà bien
montés en neige.

Moelleux au yaourt

Préparation : 15 min – Cuisson : 30 min
Pour 4 personnes

- 2 œufs
- 2 cuillers à café
  d'édulcorant de cuisson
  en poudre
- 2 yaourts nature 0 % MG
- 50 g de Maïzena®
- arôme à votre goût
- 1 pincée de sel

🍰 Préchauffer le four à 210 °C – th. 7.
Séparer les blancs d'œufs des jaunes. Mélanger les
jaunes et l'édulcorant. Ajouter les yaourts, la Maï-
zena® et l'arôme.
Monter les blancs en neige très ferme avec une pincée de sel. Les incorporer à la préparation.

Verser la pâte dans un moule à cake de 18 cm. Enfourner pendant 20 à 30 min.

Mousse au café

Préparation : 10 min – Sans cuisson
Pour 6 personnes

- 6 petits suisses 0 % MG
- 2 cuillers à soupe d'édulcorant
- 4 blancs d'œufs
- 1 cuiller à soupe d'extrait de café

Battre les petits suisses à la fourchette pour les rendre plus légers. Ajouter le sucre.
Monter les blancs en neige et les incorporer délicatement aux petits suisses. Terminer en ajoutant l'extrait de café.
Verser dans des ramequins et mettre pendant 3 h au réfrigérateur.

Mousse au citron

Préparation : 20 min – Cuisson : 2 min
Pour 4 personnes

- 2 feuilles de gélatine
- 1/2 citron
- 1 œuf
- 2 cuillers à soupe d'édulcorant
- 250 g de fromage blanc 0 % MG

Faire tremper les feuilles de gélatine dans un bol d'eau froide.
Râper le zeste du demi-citron et le réserver dans un bol. Casser l'œuf en séparant le blanc du jaune. Au jaune, ajouter l'édulcorant, le zeste râpé et 50 g de fromage

blanc. Mélanger au fouet pour obtenir une préparation lisse jaune paille. Verser la préparation dans une petite casserole et faire chauffer à feu doux pendant 2 min puis retirer du feu et incorporer la gélatine soigneusement égouttée et pressée. Bien mélanger jusqu'à parfaite dissolution.

Fouetter le fromage blanc pour le lisser et l'incorporer à la crème au citron.

Monter le blanc d'œuf en neige ferme. À la fin, ajouter le reste de l'édulcorant et fouetter encore quelques secondes. Incorporer délicatement le blanc monté à la crème au citron.

Mettre au frais.

Mousse chocolatée

Préparation : 10 min – Cuisson : 5 min
Pour 2 personnes

- 3 cuillers à soupe d'eau
- 125 g de chocolat de régime
- 1 cuiller à café de café soluble
- 6 blancs d'œufs
- 1 pincée de sel
- 125 g de fromage blanc 0 % MG

Mettre dans un récipient l'eau, le chocolat en morceaux et le café, recouvrir d'une feuille de papier aluminium, et déposer dans le panier d'une cocotte-minute. Cuire pendant 5 min.

Monter en neige les blancs d'œufs avec le sel. Lorsque le mélange du récipient est fondu, ajouter le fromage blanc, et remuer pour obtenir une pâte lisse. Incorporer délicatement les blancs en neige.

Verser cette préparation dans des coupes. Les garder durant 2 h au réfrigérateur avant de servir.

Mousse de yaourt à la cannelle

Préparation : 15 min – Sans cuisson
Pour 4 personnes

- 4 œufs
- 4 yaourts 0 % MG
- 1 cuiller à café de cannelle en poudre
- 3 cuillers à soupe d'édulcorant en poudre

Séparer les blancs des jaunes d'œufs et monter les blancs en neige bien ferme.

Dans un saladier, battre les yaourts, ajouter la cannelle et l'édulcorant.

Incorporer délicatement les blancs en neige et réserver la mousse au réfrigérateur.

Mousse glacée au citron

Préparation : 10 min – Sans cuisson
Pour 2 ou 3 personnes

- 4 blancs d'œufs
- 500 g de fromage blanc 0 % MG
- le jus de 5 citrons
- 1 zeste de citron non traité

Monter les blancs d'œufs en neige. Battre le fromage blanc au fouet.

Mélanger délicatement le fromage avec le zeste de citron, le jus des citrons et les blancs d'œufs.

Mettre la mousse dans une jatte au congélateur jusqu'à ce qu'elle soit ferme.

Muffins

Préparation : 10 min – Cuisson : 30 min
Pour 4 personnes

- 4 œufs
- 4 cuillers à soupe de son de blé
- 8 cuillers à soupe de son d'avoine
- 4 cuillers à soupe de fromage blanc 0 % MG
- 1/2 cuiller à café d'Hermesetas®
- parfum au choix : zestes de citron, cannelle, café

 Préchauffer le four à 180 °C – th. 6.
Monter les blancs d'œufs en neige.
Mélanger tous les autres ingrédients puis incorporer les blancs battus en neige.
Verser dans des moules à muffins et mettre au four pendant 20 à 30 min.

Pâte à tartiner Dukan

Préparation : 5 min – Sans cuisson
Pour 1 personne

- 1 jaune d'œuf
- 1 cuiller à café de cacao dégraissé
- 2 cuillers à soupe d'aspartam
- un peu d'eau

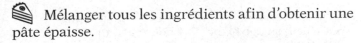 Mélanger tous les ingrédients afin d'obtenir une pâte épaisse.

Sorbet au thé

Préparation : 20 min – Sans cuisson
Pour 2 personnes

- 30 cl d'eau
- 3 cuillers à soupe de thé de Chine
- 1 jus de citron
- 4 feuilles de menthe fraîche

Faire bouillir les 30 cl d'eau, y ajouter le thé de Chine et laisser infuser 3 min à couvert. Passer 6 cl de cette infusion et la verser dans un récipient plat que l'on met au freezer. Remuer de temps en temps à la fourchette jusqu'à formation de paillettes. Passer les 24 cl d'infusion de thé restants à travers le chinois étamine et les verser dans la sorbetière avec le jus de citron. Turbiner environ 15 min.

Pour le service, remplir des verres (des flûtes par exemple) de sorbet au thé façonné en forme de dôme. Parsemer le sommet de paillettes de thé cristallisées et piquer une feuille de menthe.

Sorbet au citron vert

Préparation : 10 min – Sans cuisson
Pour 2 ou 3 personnes

- 4 citrons verts
- 500 g de fromage blanc 0 % MG
- 3 cuillers à soupe d'aspartam

Mixer le zeste d'un des citrons. Ajouter dans le mixeur le fromage blanc, le jus des autres citrons et l'aspartam. Réserver au réfrigérateur pendant 4 h. Passer en sorbetière durant 3 min.

Sorbet au yaourt

Préparation : 2 min – Sans cuisson
Pour 2 ou 3 personnes

- 5 yaourts 0 % MG
- 2 citrons
- 2 cuillers à soupe de fromage blanc 0 % MG

Battre le yaourt au fouet. Ajouter le zeste de citron râpé, puis le jus des citrons et le fromage blanc. Mélanger bien, verser dans la sorbetière et la mettre en marche.

Soufflé au cacao glacé

Préparation : 10 min – Sans cuisson
Pour 4 personnes

- 200 g de fromage blanc 0 % MG
- 60 g de cacao Van Houten®
- 4 blancs d'œufs
- 6 cuillers à soupe d'édulcorant

Saupoudrer le fromage blanc de cacao en passant celui-ci à travers une passoire fine ou un tamis. Battre le fromage blanc et le cacao au fouet électrique.
Monter les blancs d'œufs en neige ferme avec l'édulcorant.
Mélanger très soigneusement les deux préparations. Entourer un moule à soufflé d'une bande de papier d'aluminium de manière à ce que celle-ci dépasse des bords d'au moins 3 cm. Verser la préparation qui doit arriver jusqu'au niveau de la bande de papier d'aluminium.
Mettre à glacer au freezer au moins 3 h. Enlever le papier d'aluminium et servir aussitôt.

Tarte au citron

Préparation : 15 min – Cuisson : 35 min
Pour 6 personnes

- 3 œufs
- édulcorant
- 3 cl d'eau froide
- 1 citron
- 1 pincée de sel

Battre les jaunes d'œufs avec l'édulcorant. Ajouter l'eau, le jus et le zeste du citron.

Cuire au bain-marie à feu doux en mélangeant à la spatule jusqu'à épaississement. Retirer du feu. Ajouter le sel et l'édulcorant (suivant votre goût) dans les blancs d'œufs. Les battre en neige ferme.

Incorporer les blancs montés aux jaunes d'œufs chauds.

Verser la préparation dans un moule à tarte antiadhésif de 28 cm de diamètre. Cuire au four à 180 °C – th. 6, jusqu'à ce que le dessus soit doré.

LES PLATS
À BASE
DE PROTÉINES
ET DE LÉGUMES

LES VOLAILLES

Blanc de poireau bacon

Préparation : 20 min – Cuisson : 30 min
Pour 4 personnes

- 800 g de blancs de poireaux
- 200 g de bacon de dinde
- 1 échalote
- 2 œufs
- 90 g de fromage blanc 0% MG
- sel

Couper les blancs de poireaux en petits tronçons et les faire cuire à la vapeur, dans une cocotte-minute, pendant 10 min.
Dans une poêle, faire revenir le bacon avec l'échalote émincée.
Fouetter les œufs avec le fromage blanc et du sel.
Mélanger les poireaux et le bacon à l'échalote. Les mettre dans un plat légèrement huilé, allant au four.
Verser dessus la préparation œufs et fromage blanc.
Enfourner pendant 20 min à 150 °C – th. 5.

Bouchées au poulet fumé

Préparation : 45 min – Cuisson : 20 min
Pour 2 personnes

- 7 blancs d'œufs
- 6 cl d'eau
- 1 cuiller à soupe de Maïzena®
- 175 g de blanc de poulet fumé haché
- 200 g de champignons de Paris hachés
- 2 oignons nouveaux hachés
- 2 cuillers à soupe de fromage blanc 0% MG
- 1 cuiller à soupe de ciboulette hachée
- 20 tiges de ciboulette, ébouillantées pour les assouplir
- sel, poivre

Fouetter les blancs d'œufs, l'eau et la Maïzena®. Faire chauffer une poêle antiadhésive et cuire ce mélange cuillerée par cuillerée, pour obtenir 20 galettes rondes de 10 cm de diamètre.

Égoutter sur un papier absorbant et réserver à température ambiante.

Faire revenir, à feu moyen, le poulet coupé en dés, les champignons et les oignons hachés dans une poêle légèrement huilée. Baisser le feu, et ajouter le fromage blanc, saupoudrer de ciboulette hachée, assaisonner.

Répartir la garniture sur les galettes, les refermer en forme d'aumônières et lier avec un brin de ciboulette. Conserver au frais et servir à température ambiante.

Brochettes tikka

Préparation : 25 min – Cuisson : 10 min
Pour 4 personnes

- 800 g de blancs de poulet
- 1 oignon
- 1 gousse d'ail
- 20 g de gingembre frais
- 2 cuillers à soupe de jus de citron
- 10 cl de yaourt 0 % MG
- 1/2 cuiller à soupe de coriandre en poudre
- 1/2 cuiller à soupe de cumin en poudre
- 1 cuiller à café de garam masala
- 2 cuillers à soupe de coriandre ciselée
- sel, poivre

Couper les blancs de poulet en lanières de 2 cm. Peler oignon et l'ail et les réduire en purée au mixeur. Ajouter le gingembre pelé et râpé, le jus de citron, le sel, le yaourt, toutes les épices et la coriandre puis mélanger.

Laisser mariner les morceaux de poulet et la sauce ainsi obtenue pendant 2 h au frais.

Enfiler les morceaux de poulet sur des brochettes en bois. Les faire cuire pendant 8 à 10 min sous le gril du four, en les retournant souvent.

Servir chaud, accompagné de concombre, d'oignons frais et de citron.

Coquelets au citron et aux tomates cerises

Préparation : 20 min – Cuisson : 40 min
Pour 2 personnes

- 5 brins de thym
- 2 coquelets
- 1 citron
- 50 cl de bouillon de poule
- 2 oignons moyens
- 2 gousses d'ail
- 700 g de tomates cerises
- sel, poivre

Effeuiller le thym. Le saupoudrer sur les coquelets, posés dans un plat allant au four. Les couvrir de tranches de citron. Enfourner pendant 20 min à 180 °C – th. 6. Arroser à mi-cuisson de bouillon de poule.

Émincer les oignons, hacher l'ail.

Sortir le plat du four. Répartir autour des coquelets l'oignon, les tomates et l'ail. Saler et poivrer.

Mélanger pour enrober les tomates. Remettre au four durant 20 min.

Cuisses de dinde aux poivrons

Préparation : 30 min – Cuisson : 40 min
Pour 4 personnes

- 2 cuisses de dinde
- 3 poivrons rouges
- 5 cl de vinaigre de vin
- 2 cuillers à soupe de fromage blanc 0 % MG
- sel, poivre

🍲 Faire rissoler les cuisses de dinde dans un faitout antiadhésif avec un peu d'eau et laisser cuire, à couvert, 40 min à feu doux en retournant régulièrement.

Blanchir les poivrons dans l'eau bouillante, puis les peler et retirer les pépins. Les couper en morceaux et les passer au mixeur pour en faire un coulis.

Retirer les cuisses du faitout et déglacer avec du vinaigre. Incorporer le fromage blanc, le coulis de poivrons, sel et poivre, et porter à ébullition.

Disposer les cuisses dans un plat et les napper de cette sauce.

Fricassée de poulet aux champignons et aux asperges

Préparation : 20 min – Cuisson : 20 min
Pour 4 personnes

- 1 kg de champignons de Paris
- 2 oignons doux
- 1 kg de blancs de poulet
- 500 g de pointes d'asperges

🍲 Dans une poêle antiadhésive, faire revenir à feu doux les champignons et réserver.

Couper les oignons en fines lamelles et les faire blondir à feu doux.

Couper la viande en cubes et l'ajouter aux champignons. Remuer et laisser dorer 6 min à feu doux.

Ajouter les asperges coupées en petits tronçons, puis les champignons, le jus de citron, le sel, le poivre et le persil haché. Laisser à feu moyen et à couvert pendant 10 à 12 min.

Fricassée de volaille à la martiniquaise

Préparation : 20 min – Cuisson : 50 min
Pour 4 personnes

- 1 kg de poulet
- 250 g de champignons de Paris
- 4 tomates
- 2 œufs
- 250 g de fromage blanc 0 % MG
- sel, poivre

🦐 Couper le poulet en deux, le saler et le poivrer, et le mettre à dorer dans une cocotte légèrement huilée à feu moyen pendant 10 min.

Ajouter les champignons nettoyés, puis laisser cuire 40 min à couvert. Au bout de 30 min, ajouter les tomates coupées en quartiers.

Mettre les jaunes d'œufs dans une petite casserole, ajouter le fromage blanc et mélanger bien.

Prendre deux louches de la sauce de cuisson, et la verser dans la terrine. Bien mélanger.

Chauffer cette sauce au bain-marie, puis en napper le poulet.

Lapin à l'estragon

Préparation : 20 min – Cuisson : 40 min
Pour 4 personnes

- 500 g de champignons de Paris
- 10 brins d'estragon
- 1 lapin en morceaux
- 3 cuillers à café d'échalote hachée
- 2 cuillers à café d'ail haché
- 1 branche de thym
- 1 feuille de laurier
- 2 verres de vinaigre de framboise
- 2 cuillers à soupe de fromage blanc 0 % MG
- sel, poivre

Préparer les champignons en les gardant entiers. Laver et effeuiller l'estragon.

Les faire cuire dans une cocotte avec le lapin.

Y mettre l'échalote, l'ail, la moitié de l'estragon, les champignons, le thym et le laurier.

Mouiller au vinaigre selon votre goût. Saler, poivrer, mélanger bien. Couvrir et laisser mijoter à feu doux pendant 40 min.

Sortir le lapin de la cocotte et faire réduire la sauce. Ajouter le fromage blanc et le reste d'estragon.

Lapin aux champignons

Préparation : 15 min – Cuisson : 45 min
Pour 2 personnes

- 400 g de lapin en morceaux
- 1/2 oignon
- 400 g de champignons frais
- 2 cuillers à soupe de fromage blanc 0 % MG
- quelques brins de persil haché
- sel, poivre

Faire dorer les morceaux de lapin dans une cocotte antiadhésive légèrement huilée.

Ajouter l'oignon émincé et les champignons coupés en quartiers.

Mouiller avec un peu d'eau, saler, poivrer, laisser réduire 45 min à feu doux, à couvert.

À la fin de la cuisson, ajouter 2 cuillers à soupe de fromage blanc. Remuer, vérifier l'assaisonnement, et servir saupoudré de persil haché.

Papillotes de poulet aux courgettes

Préparation : 10 min – Cuisson : 20 min
Pour 4 personnes

- 8 blancs de poulet
- 4 courgettes
- 1 gousse d'ail
- 1 citron
- 2 tomates pelées

Préchauffer le four à 210 °C – th. 7.

Émincer les blancs de poulet en petites lanières. Laver et couper les courgettes en lanières. Peler et hacher la gousse d'ail. Émincer finement le citron.

Dans une poêle, faire revenir à feu vif les courgettes, les tomates, l'ail et le citron.

Mélanger et ôter du feu. Dans 4 rectangles de papier sulfurisé, mettre le poulet et les légumes, et fermer. Enfourner pendant 15 à 20 min.

Paupiettes de dinde

Préparation : 30 min – Cuisson : 1 h 10
Pour 4 personnes

- 100 g de champignons de Paris
- 1 oignon
- persil
- 4 escalopes de dinde
- 4 tranches de jambon dégraissé
- 50 cl de bouillon cube dégraissé
- 25 cl d'eau
- sel, poivre

Laver et éplucher les champignons, hacher les pieds avec la moitié de l'oignon et le persil.

Faire revenir à feu moyen ce hachis pendant 5 à 6 min dans une poêle antiadhésive sans graisse à feu moyen. Saler et poivrer.

Sur chaque escalope, disposer une tranche de jambon, puis la purée de champignons. Rouler le tout et ficeler. Faire dorer les paupiettes dans la poêle sans matière grasse à feu moyen.

Couper grossièrement le reste de l'oignon. Ajouter le bouillon et l'eau. Saler et poivrer.

Laisser mijoter à feu doux pendant 45 min à couvert. Ajouter la tête des champignons, et poursuivre la cuisson encore 20 min.

Servir immédiatement.

Pintade au chou

Préparation : 30 min – Cuisson : 1 h 15
Pour 4 personnes

- 1 pintade
- 1/2 citron
- 1 chou vert frisé
- 1 oignon piqué d'un clou de girofle
- 1 bouquet garni

- 50 cl de bouillon
  dégraissé
- 1 cuiller à soupe de
  myrtilles
- sel, poivre

Préchauffer le four à 210 °C – th. 7.
Citronner la pintade et l'enfourner sous le gril. La
faire dorer pendant 5 min. Pendant ce temps, nettoyer le chou, le couper en 8, le faire blanchir 5 min à
l'eau bouillante salée, puis l'égoutter.
Dans une cocotte, poser la pintade entourée de chou.
Ajouter l'oignon, le bouquet garni, le poivre, les myrtilles et arroser de bouillon. Faire cuire 1 h à 1 h 15, à
petit feu et à couvert, en arrosant souvent. Lorsque la
pintade est cuite, faire réduire le bouillon au maximum et servir aussitôt.

Poule citronnée,
sauce curry et gingembre

Préparation : 30 min – Cuisson : 1 h
Pour 4 personnes

- 1 poule
- 1 bouquet garni
- 1 cuiller à café d'herbes
  de Provence
- 2 feuilles de laurier
- 1 bouillon cube de
  volaille dégraissé
- 1 poivron
- 5 ou 6 carottes
- 1 oignon
- 1 pincée de curry
- 1 cuiller à soupe de
  Maïzena®
- 1 citron
- 1 cuiller à café de
  gingembre coupé en
  lamelles
- sel, poivre

Remplir une cocotte aux trois quarts d'eau. Y
mettre la poule, le bouquet garni, les herbes, le laurier, le bouillon de volaille, le poivron coupé en lanières, le sel et le poivre.

Porter à ébullition, couvrir et faire cuire environ 50 min à feu doux.

Ajouter les carottes et poursuivre la cuisson pendant 10 min.

Dans une sauteuse légèrement huilée, faire suer à sec et à feu moyen 1 oignon coupé en lamelles, le curry, la Maïzena® diluée dans un peu d'eau, le citron coupé en quartiers et le gingembre frais en lamelles.

Découper la poule et déposer les morceaux, débarrassés de leur peau, dans la sauce, rectifier l'assaisonnement.

Servir les carottes à part.

Poulet à l'estragon et aux girolles

Préparation : 20 min – Cuisson : 25 min
Pour 4 à 6 personnes

- 6 cuisses de poulet
- 1 bouillon cube de volaille dégraissé
- 1 branche d'estragon
- 1 kg de girolles
- 1 gousse d'ail
- 1 bouquet de persil
- 250 g de fromage blanc 0 % MG
- sel, poivre

Faire dorer les morceaux de poulet salés et poivrés dans une cocotte légèrement huilée. Ajouter 10 cl de bouillon de volaille et la branche d'estragon bien rincée. Porter à ébullition, couvrir puis, baisser le feu, et laisser cuire 25 min.

Dans une poêle, faire revenir les girolles nettoyées avec l'ail émincé et du persil. Assaisonner.

Au moment de servir le poulet, retirer l'estragon de la cocotte, et déglacer la sauce avec le fromage blanc à feu doux. Rectifier l'assaisonnement.

Servir le poulet chaud avec les girolles sautées.

Poulet aux aromates

Préparation : 15 min – Cuisson : 1 h à 1 h 30
Pour 4 personnes

- 1 poulet fermier
- 1 bouquet de basilic
- 3 gousses d'ail
- 1 citron
- quelques brins de thym sec
- quelques brins de romarin sec
- 200 g de poireaux
- 250 g de carottes
- sel, poivre

🦐 Farcir le poulet avec le basilic, l'ail, le citron coupé en quartiers, le thym et le romarin. Le garder au frais.

Le lendemain, mettre les carottes et poireaux lavés et émincés dans un plat assez profond, saler, poivrer. Verser un peu d'eau dessus.

Poser le poulet dessus et mettre le tout au four à th. 7 pendant 1 h à 1 h 30.

Servir bien chaud.

Poulet aux champignons

Préparation : 20 min – Cuisson : 30 min
Pour 4 personnes

- 800 g de blancs de poulet
- 2 tomates
- 1 oignon
- 2 gousses d'ail
- 600 g de champignons de Paris
- 1 citron
- 25 cl de bouillon de volaille dégraissé
- sel, poivre

🦐 Couper la viande en cubes et concasser les tomates. Peler et hacher l'oignon et les gousses d'ail. Après les avoir lavés et en avoir supprimé les bouts terreux, couper les champignons en lamelles puis les arroser de quelques gouttes de citron afin qu'ils ne noircissent pas. Mettre les champignons dans une cocotte à revêtement antiadhésif. Saler, poivrer, couvrir, et laisser cuire à feu doux jusqu'à ce qu'ils aient perdu leur eau. Puis les égoutter et réserver.

Dans une cocotte, faire revenir l'oignon dans un peu d'eau. Ajouter le poulet, les tomates, les champignons, l'ail, le bouillon de volaille, le sel et le poivre. Cuire à feu doux à couvert pendant 20 min.

Poulet aux poivrons

Préparation : 40 min – Cuisson : 10 min
Pour 4 personnes

- 1 oignon
- 1 gousse d'ail
- 2 brins de menthe
- 2 brins de coriandre
- 4 blancs de poulet
- 2 cuillers à soupe de sauce soja
- 2 cuillers à café de gingembre frais ou râpé
- 1 poivron vert
- 1 poivron rouge
- 140 g de pousses de bambou
- sel, poivre

Peler et émincer les oignons et l'ail. Laver, effeuiller puis ciseler les feuilles de menthe et les pluches de coriandre. Détailler les blancs de poulet en lanières.

Dans un plat creux, disposer les blancs de poulet, verser dessus la sauce soja et le gingembre. Ajouter l'ail et la menthe. Couvrir d'un film alimentaire et laisser mariner pendant 2 h au réfrigérateur.

Égoutter les morceaux de poulet, filtrer la marinade et la réserver.

Laver et peler à l'économe les poivrons, les épépiner et les couper en lanières. Rincer les pousses de bambou, puis les couper en bâtonnets.

Dans une poêle légèrement huilée, faire dorer le poulet 5 min, ajouter l'oignon émincé pour le faire blondir. Ajouter les poivrons, poursuivre la cuisson pendant 4 min puis verser dessus la marinade et laisser confire durant 3 min. Incorporer les pousses de bambou et faire chauffer pendant 1 min.

Poulet basquaise

Préparation : 15 min – Cuisson : 1 h
Pour 4 personnes

- 1 poulet
- 1 kg de tomates
- 1 carotte
- 2 poivrons

- 2 gousses d'ail
- 1 bouquet garni
- sel, poivre

Couper le poulet en morceaux. Dans une cocotte antiadhésive légèrement huilée, faire dorer les morceaux assaisonnés à feu moyen.

Ajouter les tomates épépinées et pelées, la carotte épluchée et coupée en petits tronçons, les poivrons taillés en dés, l'ail haché et le bouquet garni.

Saler et poivrer. Couvrir et laisser cuire pendant 1 h à feu très doux.

Poulet Marengo

Préparation : 30 min – Cuisson : 45 min
Pour 4 personnes

- 1 poulet découpé en morceaux
- 2 oignons
- 2 échalotes
- 1 gousse d'ail
- 20 cl d'eau
- 2 cuillers à soupe de vinaigre de vin blanc
- 1 cuiller à soupe de concentré de tomates
- 4 tomates
- quelques brins de thym
- 1 petite branche de laurier
- 3 tiges de persil
- sel, poivre

Faire dorer les morceaux de poulet salés et poivrés dans une cocotte légèrement huilée à feu vif puis les retirer du feu.

À leur place, mettre les oignons coupés en rondelles, les échalotes et l'ail à feu moyen. Les faire sauter durant 2 min.

Mouiller avec l'eau, le vinaigre et le concentré de tomates.

Ajouter les tomates coupées en dés. Remettre le poulet, saler et poivrer.

Ajouter le thym, le laurier et le persil.

Couvrir et laisser mijoter pendant 45 min.

Poulet poché, sauce légère aux herbes fraîches

Préparation : 30 min – Cuisson : 45 min
Pour 4 personnes

- 1 poulet
- 1/2 citron
- 1 oignon coupé en 2 et piqué d'un clou de girofle
- 1 carotte coupée en 4
- 2 poireaux ficelés avec 1 branche de céleri
- 1 bouquet garni
- 1 gousse d'ail coupée en 2
- gros sel

Pour la sauce :
- 2 jaunes d'œufs
- 20 g de fromage blanc 0 % MG
- 1 cuiller à café de fines herbes fraîches hachées (ciboulette, estragon, persil, cerfeuil)

Frotter la surface du poulet avec le demi-citron et le mettre dans une cocotte. Ajouter les légumes, le bouquet garni et l'ail. Verser de l'eau froide jusqu'à 2 cm environ au-dessus du poulet. Saler au gros sel. Porter à ébullition, écumer, laisser cuire à feu doux durant 40 à 45 min. Au terme de la cuisson, récupérer 15 cl de bouillon dégraissé, le garder au chaud.

Mettre les jaunes d'œufs dans un récipient, ajouter 1 cuiller à soupe d'eau froide. Préparer un bain-marie et poser le récipient contenant les œufs et l'eau dedans. Battre les jaunes jusqu'à atteindre la consistance d'une crème. Attention à ne pas trop chauffer, ajouter le fromage blanc. Mélanger à l'aide d'un fouet, verser le bouillon tiède dans la sauce, tout en remuant. Ajouter les fines herbes, rectifier l'assaisonnement.

Servir bien chaud.

Poulet provençal

Préparation : 15 min – Cuisson : 50 min
Pour 4 personnes

- 1 poulet
- 1 boîte de tomates entières
- 4 gousses d'ail
- 1 petit bouquet de persil
- sel, poivre

Découper le poulet en morceaux. Dans une sauteuse à revêtement antiadhésif, faire revenir les morceaux de poulet pour les faire dorer. Les réserver.
Verser alors dans la sauteuse les tomates concassées, l'ail écrasé, le persil coupé fin, le sel et le poivre. Laisser cuire 30 min à feu moyen et à couvert.
Ajouter alors les morceaux de poulet et s'il le faut un peu d'eau, couvrir, et poursuivre la cuisson pendant 20 min.

Soupe de poulet aux champignons

Préparation : 20 min – Cuisson : 15 min
Pour 4 personnes

- 100 g de champignons de Paris
- 1 gousse d'ail
- 1 cuiller à soupe de pluches de coriandre
- 1 cuiller à café de poivre
- 1 l de bouillon de volaille dégraissé
- 2 cuillers à soupe de nuoc-mâm
- 250 g de blanc de poulet cuit
- 2 échalotes

Couper les champignons en lamelles.
Réduire en purée d'ail, la coriandre et le poivre.
Placer champignons et aromates sur poêle luisante (huilée et essuyée au Sopalin) et faire revenir le

mélange pendant 1 min à feu moyen. Retirer du feu et réserver.

Dans une casserole, porter le bouillon à ébullition en y ajoutant les champignons, le nuoc-mâm et le mélange d'ail. Laisser mijoter 5 min à feu doux et à couvert.

Émincer le poulet et l'ajouter à la préparation. Laisser sur le feu quelques minutes. Garnir avec les échalotes émincées.

Terrine de lapin

Préparation : 1 h – Cuisson : 2 h
Pour 8 personnes

- 500 g de chair de lapin
- 4 tranches de jambon blanc dégraissé (ou jambon de poulet)
- 1 oignon blanc
- 3 échalotes
- 2 œufs
- 2 branches de persil
- sel, poivre

Faire cuire le lapin à la vapeur pendant 20 min et mixer la chair avec le jambon, l'oignon et les échalotes pour confectionner une farce.

Ajouter les œufs battus en omelette, le persil et assaisonner.

Disposer la préparation dans une terrine et faire cuire au bain-marie à 180 °C – th. 6, pendant 2 h.

Dresser dans des assiettes sur un lit de salade assaisonnée à votre convenance.

Terrine de poulet à l'estragon

Préparation : 40 min – Cuisson : 1 h 30
Pour 6 personnes

- 2 poireaux
- 3 carottes
- 2 gousses d'ail
- 1 poulet bridé et ficelé
- 2 feuilles de gélatine

- 50 cl de bouillon corsé dégraissé
- 1 oignon pelé
- 1 bouquet d'estragon
- 200 g de foies de volaille
- sel, poivre

Recette à préparer la veille de sa dégustation.
Nettoyer les poireaux et peler les carottes et l'ail.
Mettre le poulet dans un faitout, verser le bouillon et couvrir d'eau froide. Ajouter les légumes préparés, l'oignon, quelques brins d'estragon, le sel et le poivre. Porter à ébullition, couvrir et laisser cuire 1 h 30 à feu doux en écumant régulièrement.
À mi-cuisson, ajouter les foies de volaille dénervés.
Lorsque la cuisson est terminée, couper la chair du poulet et les foies en gros dés.
Faire réduire le bouillon de moitié et le filtrer. Ajouter les feuilles de gélatine détrempées à l'eau froide.
Mettre des feuilles d'estragon au fond d'une terrine et verser un peu de bouillon. Disposer en couches successives la moitié des dés de poulet, les foies de volaille, les carottes et le reste du poulet. Recouvrir de bouillon.
Placer pendant 24 h au réfrigérateur.

Terrine estivale

Préparation : 30 min – Cuisson : 1 h
Pour 8 personnes

- 1 kg de haricots verts
- 1 carotte
- 1 branche de céleri
- 1 oignon
- 5 brins d'estragon
- 1/2 cuiller à café d'origan

- 8 tranches de jambon (dinde ou poulet)
- 4 œufs
- 300 g de fromage blanc 0 %
- 1 cuiller à soupe de cancoillotte 5 % MG
- sel, poivre

Faire cuire au court-bouillon les haricots verts pendant 15 min sans couvrir.

Laver la carotte, effiler le céleri et peler l'oignon. Hacher le tout dans un robot.

Dans une sauteuse antiadhésive, faire fondre le hachis, pendant 10 min, à feu doux.

Égoutter les haricots, puis les couper en tronçons. Les mettre dans la sauteuse, laisser cuire à feu doux en remuant de temps en temps, jusqu'à ce que les haricots ne rendent plus d'eau. Ajouter l'estragon haché et l'origan.

Tapisser un moule à cake (de 2 l de volume) de papier sulfurisé en laissant la feuille dépasser sur les bords les plus longs. Tapisser le moule avec 6 tranches de jambon en les laissant dépasser et les faisant se chevaucher. Verser les légumes.

Préchauffer le four à 180 °C – th. 6.

Dans un récipient, battre les œufs, le fromage blanc et la cancoillotte. Saler et poivrer, puis verser doucement sur les légumes.

Rabattre le jambon, couvrir avec le jambon restant, et fermer avec la feuille de papier d'aluminium.

Enfourner au bain-marie pendant 1 h.

Laisser refroidir, puis mettre 4 h au réfrigérateur.

LES VIANDES

Bœuf à la ficelle

Préparation : 20 min – Cuisson : 30 min
Pour 1 personne

- 70 g de carottes
- 1 blanc de poireau
- 70 g de céleri branche
- 250 g de filet de bœuf
- 1 bouquet garni
- 1/2 oignon
- 1 clou de girofle
- sel, poivre

Peler et nettoyer les carottes, le poireau et le céleri. Couper grossièrement les légumes.
Verser 1 l d'eau dans une cocotte. Y mettre le bouquet garni, le demi-oignon piqué du clou de girofle et les légumes. Assaisonner et porter le tout à ébullition.
Plonger la viande dans ce bouillon frémissant et laisser cuire à couvert et à feu moyen environ 30 min.
Retirer la viande, la couper en morceaux et la déposer dans un plat de service. Disposer les légumes autour en garniture.

Bœuf aux aubergines

Préparation : 15 min – Cuisson : 15 min
Pour 4 personnes

- 300 g d'aubergines
- 400 g de tomates moyennes
- 1 gousse d'ail hachée
- 1 cuiller à soupe de persil haché
- 500 g de bœuf maigre, coupé en lamelles fines
- sel, poivre

Peler les aubergines et les couper en rondelles fines. Les faire dégorger pendant 15 min avec un peu de sel.

Couper en 4 les tomates, les saupoudrer d'ail et de persil.

Mettre à bouillir et laisser mijoter 30 min à feu moyen en cocotte.

Mettre au fond d'un petit plat allant au four la moitié des légumes. Assaisonner. Placer dessus la viande. Couvrir avec le reste des aubergines-tomates. Enfourner à th. 7 pendant 15 min. Vérifier l'assaisonnement et faire gratiner le plat.

Bœuf aux poivrons

Préparation : 20 min – Cuisson : 1 h
Pour 4 personnes

- 320 g de faux-filet de bœuf
- 4 petits poivrons rouges
- 3 petits oignons
- 2 cuillers à soupe de sauce soja

Pour la marinade :
- 1 cuiller à café de Maïzena®
- 4 cuillers à soupe de sauce soja

Découper le faux-filet en lamelles très fines. Préparer la marinade. Mélanger le bœuf à la marinade et garder au frais pendant 2 h.

Découper les poivrons et les oignons en fines lamelles. Les verser dans un faitout légèrement huilé. Les faire revenir et ajouter un verre d'eau. Laisser cuire à feu très doux pendant 30 min. Une fois cuits, ajouter la viande marinée, 2 cuillers à soupe de sauce soja et un peu d'eau si nécessaire. Assaisonner selon votre goût.

Bœuf bourguignon

Préparation : 10 min – Cuisson : 2 h
Pour 6 personnes

- 1 cube de bouillon de bœuf dégraissé
- 25 cl d'eau bouillante
- 500 g de bœuf maigre coupé en cubes
- 1 cuiller à café de Maïzena®
- 1 cuiller à café de persil haché
- 1 gousse d'ail émincée
- 1 feuille de laurier
- 3 oignons moyens émincés
- 150 g de champignons de Paris tranchés
- sel, poivre

Dissoudre le cube de bouillon de bœuf dans l'eau bouillante.

Dans un grand poêlon huilé, faire brunir le bœuf. Puis mettre la viande dans une marmite qui va au four.

Dans le poêlon, verser la Maïzena®, le cube de bouillon dissous, le persil et les assaisonnements. Porter à ébullition et laisser épaissir un peu.

Verser sur le bœuf (ajouter de l'eau, si la sauce ne couvre pas la viande).

Couvrir et enfourner à 200 °C pendant 2 h.

Faire sauter les oignons et les champignons tranchés dans une poêle antiadhésive légèrement huilée à feu moyen. Les ajouter à la viande pendant la dernière demi-heure de cuisson.

Bœuf sauté aux légumes

Préparation : 30 min – Cuisson : 5 min
Pour 4 personnes

- 500 g de bœuf tendre
- 6 cuillers à soupe sauce soja
- 1 cuiller à soupe de vinaigre de xérès
- 1 cuiller à soupe de Maïzena®
- 1 botte d'oignons blancs
- 1 poivron vert
- 2 carottes
- 1 cuiller à café d'Hermesetas® liquide (édulcorant de cuisson)
- sel, poivre

 Couper la viande en tranches.

Les mettre dans un plat creux avec la sauce soja, le vinaigre de xérès et la Maïzena®. Mélanger et laisser mariner 30 min au froid.

Faire revenir la viande égouttée dans une sauteuse pendant 1 min à feu vif. Réserver au chaud.

Nettoyer et émincer les oignons dans la longueur. Séparer le poivron vert en 2, l'épépiner et le couper en fines lanières. Peler les carottes, les découper en rondelles de taille moyenne.

Faire sauter les légumes durant 3 min dans une poêle antiadhésive légèrement huilée. Ajouter la marinade, la viande, saupoudrer de sucre, saler, et parsemer de poivre.

Chauffer le tout à feu moyen, pendant 1 min, en remuant.

Servir aussitôt.

Brochette de bœuf Turgloff

Préparation : 20 min – Cuisson : 10 min
Pour 2 personnes

- 500 g de tomates
- 1 gousse d'ail pilée
- 600 g de bœuf maigre
- 200 g de poivrons
- 200 g d'oignons

- 1 jus de citron
- sel de céleri
- sel d'estragon
- sel, poivre

Peler, épépiner et écraser les tomates. Dans une poêle, les faire fondre avec l'ail à feu doux. Assaisonner.

Couper la viande, les poivrons et les oignons en morceaux.

Monter ces ingrédients sur des brochettes. Les faire griller une dizaine de minutes soit au four, soit au barbecue.

Au moment de servir, retirer les ingrédients de la broche, arroser de citron et saler aux sels de céleri et d'estragon.

Verser un peu de coulis de tomates sur chaque assiette. Vérifier l'assaisonnement et garnir de persil.

Champignons farcis

Préparation : 25 min – Cuisson : 25 min
Pour 2 personnes

- 100 g d'épinards
- 1/2 cuiller à café de fond de veau
- 400 g de champignons de Paris (assez gros pour les farcir)
- 1 citron
- 1 gousse d'ail
- 1 tranche de jambon blanc dégraissé
- 2 tranches de bacon de dinde
- persil
- 1 cuiller à soupe de son d'avoine
- 3 à 4 cuillers à soupe de lait écrémé
- sel, poivre

Faire cuire les épinards 10 min à l'eau bouillante salée avec le fond de veau.

Laver rapidement les champignons, séparer la tête du pied et arroser de jus de citron.

Hacher l'ail, le jambon blanc, le bacon, le persil, les épinards (bien essorés) et les pieds des champignons. Mélanger avec le son, le lait, puis assaisonner. Farcir les têtes de champignons de cette préparation.

Enfourner 20 à 25 min à 180 °C.

Courgettes farcies

Préparation : 10 min – Cuisson : 30 min
Pour 4 personnes

- 4 courgettes
- 500 g de viande hachée maigre
- 1 pot de salsa verde (au rayon produits mexicains, il s'agit de sauce de tomates vertes avec du piment)
- 200 g de fromage blanc 0 % MG
- sel, poivre

Couper les courgettes en 2 dans le sens de la longueur et les épépiner. Les saler et poivrer.
Mélanger la viande, la salsa verde et le fromage blanc.
Remplir les courgettes de cette farce.
Enfourner pendant 30 min à 240 °C – th. 8.

Émincé de bœuf au vinaigre et courgettes

Préparation : 1 h – Cuisson : 40 min
Pour 4 personnes

- 600 g de bœuf maigre
- 1 oignon
- 3 gousses d'ail
- 4 courgettes
- 1 verre d'eau
- 10 cl de vinaigre de framboise
- 2 branches de persil
- 1/4 de botte d'estragon
- sel, poivre

Découper la viande en petits morceaux fins et réguliers.

Éplucher et hacher l'oignon et l'ail. Laver les courgettes et les découper en bâtonnets. Faire revenir l'ail, l'oignon et les courgettes dans une poêle antiadhésive légèrement huilée. Remuer pour que les légumes prennent harmonieusement de la couleur. Verser un verre d'eau, couvrir, et laisser cuire à feu doux pendant 20 min. Réserver.

Dans la même poêle, saisir la viande à feu vif pendant 5 min et ajouter le vinaigre. Mélanger avant de reverser les légumes dans la poêle.

Laisser mijoter 15 min, et ajouter, au dernier moment, le persil et l'estragon hachés. Saler, poivrer et servir l'émincé fumant.

Escalopes de veau aux carottes râpées citronnées

Préparation : 15 min – Cuisson : 10 min
Pour 4 personnes

- 500 g de carottes épluchées et râpées grossièrement
- 4 fines escalopes de veau
- 1 citron

Faire blanchir dans une casserole les carottes, puis les égoutter.

Dans une poêle luisante, faire revenir les carottes et le zeste du citron couverts par une feuille de papier cuisson. Ôter la feuille de papier cuisson et ajouter le jus de citron.

Dans la poêle légèrement huilée, faire dorer les escalopes à feu doux pendant 7 à 8 min, puis verser dessus le jus de cuisson des carottes et laisser réduire.

Feuilleté d'aubergines à la crétoise

Préparation : 20 min – Cuisson : 30 min
Pour 2 personnes

- 600 g de bœuf haché
- 2 gousses d'ail
- 15 feuilles de menthe
- 400 g de pulpe de tomate (en boîte)
- 2 aubergines
- 200 g de yaourt 0 % MG
- sel, poivre

Faire revenir la viande hachée. Ajouter l'ail écrasé, la menthe ciselée et la pulpe de tomate.

Couvrir et laisser mijoter pendant 20 min en remuant de temps en temps.

Laver, couper les aubergines dans le sens de la longueur en plusieurs tranches d'1 cm d'épaisseur. Les faire revenir dans un peu d'huile durant 3 min de chaque côté dans une autre poêle à feu moyen. Puis les déposer sur une feuille de papier absorbant.

Verser le yaourt sur la viande, remuer et assaisonner. Prendre un petit plat à gratin et y déposer côte à côte 2 tranches d'aubergine. Les couvrir de viande en sauce puis continuer en alternance, en finissant par une couche d'aubergines. Passer au four à 200 °C pendant 5 min et servir.

Filets de veau en papillotes

Préparation : 15 min – Cuisson : 16 min
Pour 4 personnes

- 1 oignon
- 1 carotte
- 1 blanc de poireau
- 4 filets de veau de 120 g chacun

- 4 cuillers à soupe de fines herbes hachées (persil, thym, ciboulette)
- sel, poivre

Préchauffer le four à 180 °C – th. 6.
Éplucher et émincer les légumes. Les faire dorer légèrement dans une casserole, ajouter 2 cuillers à soupe d'eau et assaisonner. Laisser cuire pendant 6 min à couvert.
Découper 4 carrés de papier d'aluminium, disposer au centre les légumes, les herbes et les filets de veau. Fermer les papillotes et enfourner durant 10 min.

Foie à la tomate

Préparation : 20 min – Cuisson : 20 min
Pour 1 personne

- 1 tranche de foie de veau (100 g)
- 1 oignon moyen
- 1 belle tomate (ou 1 boîte de tomates concassées)

- 1/2 cuiller à café d'origan (marjolaine séchée)
- 1 cuiller à café rase de Maïzena®
- 1 branche de persil plat
- sel, poivre

Couper en diagonale la tranche de foie de veau, dans l'épaisseur de façon à obtenir 3 ou 4 petites escalopes très fines. Émincer l'oignon.

Préchauffer une poêle antiadhésive légèrement huilée, y mettre l'oignon à revenir. Dès qu'il est doré et tendre, le retirer de la poêle et le mettre de côté.

Dans la même poêle, faire revenir la tomate et la saupoudrer d'origan. Les retirer du feu.

Mélanger et enrober les tranches de foie de Maïzena®, saler et poivrer.

Faire sauter à feu moyen les escalopes de foie sur chaque face.

Déposer les tranches de foie sur une assiette chaude. Les entourer de la tomate cuite et de l'oignon doré. Parsemer de persil. Servir aussitôt.

Frichti viande et courgettes

Préparation : 20 min – Cuisson : 35 min
Pour 4 personnes

- 1 kg de courgettes
- 500 g de viande de bœuf maigre hachée
- 400 g de coulis de tomate
- 1 gousse d'ail
- 3 branches de persil
- sel, poivre

Couper les courgettes lavées en rondelles et les faire cuire pendant 20 min à la vapeur.

Pendant ce temps, faire revenir la viande 10 min dans une poêle antiadhésive légèrement huilée. Ajouter le coulis de tomate, l'ail, le persil, le sel et le poivre. Laisser cuire encore 5 min. Mélanger le tout.

Hachis au chou-fleur

Préparation : 20 min – Cuisson : 45 min
Pour 6 personnes

* 1,2 kg de chou-fleur
* 600 g de viande hachée
* 1 oignon émincé
* 2 gousses d'ail
* 1 petit bouquet de persil
* sel, poivre

Faire cuire le chou-fleur pendant 15 min à la vapeur. Le mixer pour en faire une purée.

Mixer ensuite la viande, l'oignon, l'ail, le persil, le sel et le poivre.

Dans un plat, disposer la viande hachée de manière régulière, puis la purée de chou-fleur et enfourner pendant 45 min à 180 °C – th. 6.

Jarret de veau à la niçoise

Préparation : 30 min – Cuisson : 1 h 45
Pour 4 personnes

* 1 jarret de veau de 700 g
* 2 carottes moyennes
* 2 oignons moyens
* 1 gousse d'ail
* 750 g de tomates fermes
* 1/2 citron
* 1 bouquet garni
* 1 cuiller à soupe rase de concentré de tomates
* sel, poivre

Détailler le jarret en rondelles.

Éplucher et laver les carottes et les oignons. Les couper en rondelles. Éplucher et hacher la gousse d'ail. Monder et épépiner les tomates. Les couper en gros morceaux.

Laver, essuyer et couper en 4 le demi-citron.

Dans un faitout antiadhésif, verser un verre d'eau sur les rondelles de carottes et d'oignons, et porter à ébullition. À ce moment-là, déposer les morceaux de tomates, l'ail haché, le citron coupé et le bouquet garni. Laisser reprendre l'ébullition. Mélanger doucement. Ajouter les morceaux de jarret. Saler, poivrer. Couvrir et laisser cuire à feu doux pendant 1 h 30 à 1 h 45.

En fin de cuisson, retirer le bouquet garni, ajouter le concentré de tomates et rectifier l'assaisonnement.

Retirer les morceaux de jarret, et les disposer dans un plat en les recouvrant des légumes et de leur sauce.

Osso bucco

Préparation : 15 min – Cuisson : 1 h 30
Pour 4 personnes

- 1 jarret de veau de 1 kg coupé en rouelles
- 1 kg de carottes
- 1 citron
- 1 zeste d'orange
- 8 cuillers à café rases de concentré de tomates
- 50 cl d'eau chaude
- 1 pincée d'origan
- sel, poivre

Faire dorer 7 à 8 min les rouelles de jarret de veau sur la grille du four à 150 °C – th. 5.

Éplucher et laver les carottes. Les couper en rondelles et les mettre dans une cocotte. Ajouter le jus et le zeste du citron en ruban, ainsi que celui de l'orange. Diluer le concentré de tomates dans l'eau. Verser sur les carottes.

Ajouter l'origan, le sel et le poivre. Laisser frémir à feu moyen. Déposer les rouelles de jarret dans la cocotte. Faire cuire à couvert et à feu doux pendant 1 h 30 environ.

Pain de veau au yaourt

Préparation : 10 min – Cuisson : 1 h
Pour 2 personnes

- 750 g de veau haché
- 400 g de carottes râpées
- 1 oignon haché
- 1 gousse d'ail hachée
- 200 g de champignons hachés
- 2 pots de yaourt 0 % MG

Mélanger tous les ingrédients et les déposer dans un moule allant au four.
Enfourner pendant 1 h à 180 °C – th. 6.
Le pain de veau se mange chaud ou froid.

Pain de viande aux champignons

Préparation : 20 min – Cuisson : 50 min
Pour 2 personnes

- 400 g de viande de bœuf maigre
- 400 g de veau maigre
- 2 œufs
- 1 oignon
- 2 gousses d'ail
- 150 g de champignons de Paris
- quelques brins de thym, de romarin, et de persil
- sel, poivre

Hacher la viande de bœuf et de veau. Incorporer les œufs, l'oignon émincé et l'ail pilé. Saler et poivrer. Ajouter les herbes mixées.
Dans une casserole légèrement huilée, faire suer doucement les champignons émincés et les ajouter à la préparation.
Verser dans un moule à cake.
Enfourner à 240 °C – th. 8 pendant 45 à 50 min.
Peut se servir chaud ou froid.

Paupiettes de veau jonquille

Préparation : 20 min – Cuisson : 1 h
Pour 2 personnes

- 2 œufs durs
- 2 escalopes de veau de 100 g
- 100 g d'oignons émincés
- 100 g de champignons de Paris émincés
- quelques brins de thym
- 1 petite branche de laurier
- 2 verres de jus de tomates
- sel, poivre

Rouler chaque œuf dur dans une escalope plate et large. Ficeler délicatement les paupiettes après avoir salé l'intérieur.

Les placer dans un petit plat allant au four. Ajouter les oignons, les champignons, le thym et le laurier. Mouiller avec le jus de tomates assaisonné.

Couvrir et enfourner à 160 °C – th. 5 pendant 1 h environ.

Découvrir et retirer la ficelle. Couper les paupiettes en deux dans le sens de la largeur de façon à ce que le jaune d'œuf se trouve à l'extérieur du plat. Servir nappé de la sauce et entouré des oignons et des champignons.

Ragoût de bœuf aux deux poivrons

Préparation : 20 min – Cuisson : 30 min
Pour 4 personnes

- 450 g de bœuf découpé en dés
- 1/2 oignon haché
- 1 gousse d'ail hachée
- 1 cuiller à soupe de concentré de tomates
- 50 cl de bouillon de bœuf
- 1 poivron vert

193

- 1 poivron rouge
- 1 carotte
- 1 navet

- 1 cuiller à soupe de fécule
- 2 cuillers à soupe d'eau
- sel, poivre

Dans une casserole à feu vif, saisir les dés de bœuf. Ajouter l'oignon et l'ail.

Poursuivre la cuisson 1 min en remuant constamment. Ajouter le concentré de tomates et le bouillon. Saler et poivrer. Porter à ébullition et laisser mijoter 20 min à feu doux et à couvert.

Pendant ce temps, épépiner les poivrons et les couper en lanières.

Dans la casserole, incorporer les légumes en morceaux et poursuivre la cuisson encore 5 min.

Ajouter la fécule délayée dans de l'eau.

Poursuivre la cuisson durant 3 min en remuant de temps à autre.

Rôti de veau aux petits oignons

Préparation : 30 min – Cuisson : 50 min
Pour 4 personnes

- 10 g de beurre
- 2 carottes moyennes
- 1 gros oignon
- 1 gousse d'ail
- 2 échalotes

- 1 kg de rôti de veau
- 20 petits oignons
- 2 clous de girofle
- sel, poivre

Préchauffer le four à 220 °C – th. 7-8.

Avec 10 g de beurre, graisser un plat allant au four. Éplucher carottes, oignon, ail et échalotes, les émincer, et en faire un lit au fond du plat.

Déposer la viande sur le lit de condiments. Saler et poivrer. Ajouter 1 verre d'eau au fond du plat.

Faire dorer le veau au four très chaud pendant 20 min. Pendant ce temps, peler les petits oignons.

Retirer le veau du four. Le déposer dans un plat tenu au chaud. Passer son jus de cuisson.

Remettre le veau et le jus dans le plat à rôtir. Piquer dans 2 des petits oignons les 2 clous de girofle et mettre le tout dans le plat.

Enfourner à four plus doux (190 °C – th. 5-6) pendant 30 min environ.

Servir dans le plat de cuisson.

Roulade de jambon aux fines herbes

Préparation : 15 min – Sans cuisson
Pour 2 personnes

- 50 g de radis roses
- 50 g de concombre
- 1/2 tomate
- 2 échalotes
- 4 cornichons
- 3 ou 4 tiges de ciboulette
- 3 branches de persil
- 1 pincée d'estragon
- 250 g de fromage blanc 0 % MG
- 4 tranches de jambon de volaille
- 1 tomate
- 1 œuf dur
- 4 cornichons
- sel, poivre

Après avoir lavé les radis, les hacher ainsi que les échalotes, les concombres et les fines herbes.

Mélanger avec le fromage blanc. Saler et poivrer.

Étaler le mélange sur le jambon et rouler chaque tranche sur elle-même.

Présenter avec une demi-tomate, 1 œuf dur, les cornichons et 1 radis.

Rouleaux d'omelette au bœuf

Préparation : 30 min – Cuisson : 15 min
Pour 4 personnes

- 700 g de bœuf dans le filet en tranches fines
- 2 cuillers à soupe de sauce soja
- 2 gousses d'ail pilées
- 1 cuiller à café de gingembre râpé
- 10 œufs
- 6 cl d'eau
- 1 gros oignon émincé
- 1 carotte émincée
- 120 g de germes de soja
- 6 brins de ciboulette tranchés
- sel, poivre

Mélanger au bœuf la moitié de la sauce soja, l'ail et le gingembre. Couvrir et mettre au frais pendant au moins 3 h ou 1 nuit.

Cuire sur poêle luisante 8 omelettes fines avec les œufs assaisonnés et l'eau (le tout bien battu) et les réserver au chaud.

Faire sauter sur poêle luisante et à feu moyen le bœuf et l'oignon, jusqu'à ce que la viande soit dorée. Ajouter le reste de sauce soja et faire cuire jusqu'à ébullition.

Incorporer la carotte et faire sauter jusqu'à ce qu'elle soit tendre.

Ajouter les germes de soja et la ciboulette en remuant bien.

Répartir le mélange sur les omelettes, les rouler, puis les couper en 2.

Salade au saumon
et à la viande des Grisons

Préparation : 20 min – Cuisson : 2 à 3 min
Pour 4 personnes

- 1 salade mesclun
- 30 tranches de viande des Grisons
- 1 cuiller à café d'huile de paraffine
- 3 cuillers à soupe de vinaigre balsamique
- 700 g de saumon frais
- quelques baies roses
- quelques pluches de cerfeuil
- sel, poivre

 Répartir la salade sur les assiettes.

Poser dessus les tranches de viande des grisons.

Préparer la vinaigrette.

Couper le saumon en gros dés et les faire revenir rapidement dans une poêle antiadhésive très chaude. Les cuire de tous côtés.

Répartir harmonieusement le poisson sur les assiettes, arroser de vinaigrette. Saupoudrer des baies roses moulues et des pluches de cerfeuil.

Servir aussitôt.

Salade au yaourt aux herbes

Préparation : 15 min – Sans cuisson
Pour 2 personnes

- 300 g de champignons de Paris
- 1 botte de radis
- 4 tranches de jambon de poulet aux herbes
- 4 gros cornichons
- 1 yaourt 0 % MG
- 1 gousse d'ail hachée

- 1 cuiller à café de moutarde
- quelques branches de persil
- quelques brins de ciboulette
- sel, poivre

Laver les champignons et les radis. Les détailler en petits cubes.

Couper le jambon en dés. Ajouter les cornichons détaillés en rondelles épaisses.

Préparer la sauce en mélangeant le yaourt à l'ail, la moutarde, les feuilles de persil hachées, la ciboulette ciselée, le sel et le poivre. Verser dans un plat, mélanger et réserver au frais avant de servir.

Sauté de veau au paprika

Préparation : 30 min – Cuisson : 1 h
Pour 4 personnes

- 800 g de noix de veau
- 1 gros oignon
- 2 cuillers à café de paprika
- 200 g de fromage blanc 0 % MG

- 2 carottes
- 1 belle courgette
- 2 tomates
- sel, poivre

Couper le veau en cubes, puis le saler et le poivrer. Éplucher et émincer l'oignon très finement.

Faire sauter les morceaux de veau en poêle luisante (huile puis sopalin) à feu moyen, puis poursuivre la cuisson pendant 10 min, en remuant avec une spatule. Dès que la viande commence à colorer, ajouter l'oignon et le paprika. Saler et poivrer. Bien mélanger. Laisser réduire. Placer à feu doux et prolonger la cuisson de 30 min.

Gratter et laver les carottes et la courgette. Détailler les carottes en fins bâtonnets. Couper la courgette en longs rubans. Laver et couper les tomates en deux. Retirer les graines ainsi que le jus de végétation, puis détailler la chair en petits dés.

Cuire les carottes, les courgettes et les tomates à la vapeur pendant 15 min.

Juste avant de servir, ajouter le fromage blanc. Rectifier l'assaisonnement. Répartir le veau au paprika dans un plat de service et disposer les légumes tout autour.

Steak à la mexicaine

Préparation : 20 min – Cuisson : 8 min
Pour 1 personne

- 250 g de viande hachée
- 4 pincées de mélange d'épices mexicaines
- 2 tomates moyennes

Confectionner des boulettes en amalgamant la viande hachée avec les épices. Faire cuire dans une poêle luisante (huilée et essuyée au Sopalin) à feu vif pour les griller sans les assécher.

Cuire dans une poêle, à feu doux, les deux tomates épluchées et coupées en petits dés, avec les épices mexicaines, jusqu'à obtenir une sauce onctueuse. Napper les boulettes de cette sauce et servir immédiatement.

Steak haché à la hongroise

Préparation : 15 min – Cuisson : 9 min
Pour 4 personnes

- 6 petits oignons nouveaux
- 1 poivron rouge
- 500 g de viande hachée 5 % MG
- 2 cuillers à soupe de paprika
- 10 cl de coulis de tomates
- 1 pointe de piment de Cayenne
- 1/2 citron
- 80 g de fromage blanc 0 % MG
- sel, poivre

Peler et hacher les oignons, laver le poivron, l'épépiner et le couper en dés, badigeonner la poêle avec un papier absorbant huilé et y faire revenir oignons et poivrons pendant 5 min à feu doux.

Retirer les légumes de la poêle, et y faire cuire la viande hachée pendant 2 min à feu vif en l'écrasant à la fourchette. Ajouter le paprika, le coulis de tomates, la fondue d'oignons et de poivrons. Poursuivre la cuisson durant 2 min en mélangeant, assaisonner de sel, poivre et piment.

Presser le demi-citron et le battre avec le fromage blanc. Hors du feu, l'incorporer à la préparation, chauffer sans bouillir et servir aussitôt.

LES ŒUFS

Crêpes de courgettes

Préparation : 15 min – Cuisson : 4 à 5 min
Pour 3 personnes

- 6 œufs
- 6 courgettes
- 1 gousse d'ail
- quelques brins de persil
- sel, poivre

Séparer les blancs des jaunes d'œufs et monter les blancs en neige. Hacher très finement les courgettes. Mélanger avec l'ail haché, le persil haché, le sel et le poivre. Intégrer délicatement les blancs.

Cuire dans une poêle huilée à feu moyen, comme une grosse crêpe.

Croquettes de courgettes

Préparation : 15 min – Cuisson : 4 min par fournée
Pour 1 personne

- 2 courgettes
- 1 œuf
- 4 cuillers à soupe de Maïzena®
- sel, poivre

Râper les courgettes lavées et non épluchées. Les mettre à dégorger pendant 1 h dans du sel (environ 1 cuiller à soupe de sel).

Égoutter. Ajouter l'œuf, saler et poivrer.

Incorporer la Maïzena® et remuer pour former une masse compacte. Chauffer une goutte d'huile dans une poêle, y déposer des boulettes de courgette. Faire dorer de tous côtés à feu moyen.

Endives à la royale

Préparation: 15 min – Cuisson: 10-15 min
Pour 4 personnes

- 1 kg d'endives
- 2 œufs
- 1 verre de lait écrémé (15 cl)
- 1 pincée de noix de muscade
- sel, poivre

Éplucher les endives, creuser le pied, les laver rapidement et les faire cuire 2 min à l'eau bouillante salée. Égoutter bien soigneusement.

Dans un bol, battre les œufs et le lait écrémé, saler, poivrer, ajouter la noix muscade râpée.

Dans un plat allant au four, déposer les endives et verser dessus les œufs battus. Enfourner à th. 5, jusqu'à ce que les œufs soient pris.

Flan aux légumes

Préparation: 10 min – Cuisson: 15 min
Pour 2 personnes

- 4 œufs entiers
- 1 pincée de noix de muscade
- 50 cl de lait écrémé
- 1 cuiller à soupe de fines herbes hachées
- 200 g de légumes hachés (tomates, courgettes, brocolis, aubergines, carottes)
- sel, poivre

Battre les œufs avec les épices et y verser le lait tiédi.

Ajouter les légumes et cuire au four à 180 °C – th. 6, au bain-marie, pendant 15 min.

Flan de légumes à la provençale

Préparation : 35 min – Cuisson : 30 min
Pour 4 personnes

- 500 g de courgettes
- 2 poivrons rouges
- 4 tomates
- 1 oignon
- 4 œufs
- 4 cuillers à soupe de lait écrémé
- 1 cuiller à soupe de cancoillotte
- sel, poivre

Laver et couper les courgettes en petits morceaux sans les éplucher.

Laver, épépiner les poivrons et les couper en carrés.

Ébouillanter les tomates pendant quelques secondes, les peler, les épépiner et les couper en dés.

Éplucher et émincer l'oignon.

Préchauffer le four à 200 °C – th. 6-7.

Faire revenir tous les légumes à la poêle à feu vif, avec une goutte d'huile d'olive, pendant 20 min. Assaisonner de sel et de poivre.

Battre les œufs en omelette et ajouter le lait avec la cancoillotte. Assaisonner de sel et poivre.

Ajouter tous les légumes, mélanger bien et verser dans un moule à cake antiadhésif.

Faire cuire au bain-marie, au four pendant 30 min.

Fritata de thon aux courgettes

Préparation : 20 min – Cuisson : 10 min
Pour 4 personnes

- 3 courgettes fines
- 1 oignon blanc
- 6 œufs
- 1 boîte de thon au naturel
- 2 cuillers à soupe de vinaigre balsamique
- sel, poivre

Laver et couper les courgettes en dés. éplucher et émincer l'oignon. Faire cuire les courgettes et les oignons à la vapeur ou au bouillon à feu moyen. Saler, poivrer. Mélanger de temps à autre.

Pendant ce temps, battre les œufs en omelette avec le thon émietté, le sel et le poivre. Ajouter les courgettes et les oignons. Verser l'omelette dans une poêle, mélanger et couvrir.

Faire cuire pendant 10 min à feu doux jusqu'à ce que les œufs soient pris. Laisser refroidir 1 h, couper en petites parts et assaisonner de vinaigre.

Fromage blanc au concombre

Préparation : 10 min – Sans cuisson
Pour 2 personnes

- 1/2 gousse d'ail
- 1/2 concombre
- 1/4 de poivron jaune (ou vert)
- 1 poivron rouge
- 250 g de fromage blanc 0 % MG
- 1/2 citron
- sel, poivre

Éplucher et piler l'ail.
Laver et éplucher le concombre, le couper en cubes de 1 cm de côté.

Laver, épépiner et couper les poivrons en lamelles très fines.

Dans un saladier, mélanger le fromage blanc, le concombre, l'ail pilé et le jus de citron. Saler, poivrer. Avant le service, décorer avec les lamelles de poivron.

Gratin d'endives

Préparation : 20 min – Cuisson : 10 min
Pour 2 personnes

- 2 oignons émincés
- 400 g d'endives
- 3 œufs durs
- 40 cl jus de tomate
- sel, poivre

Dans un plat à gratin, déposer les oignons préalablement dorés à la poêle puis les endives précuites à la vapeur.

Passer les œufs à la moulinette et en recouvrir les endives.

Arroser avec le jus de tomates préalablement salé et poivré puis faire gratiner au four pendant 10 min à 220 °C.

Œufs lorrains

Préparation : 10 min – Cuisson : 40 min
Pour 2 personnes

- 4 œufs
- 50 cl de lait écrémé
- 1 pincée de noix de muscade
- 6 tomates
- quelques feuilles de basilic
- sel, poivre

🥚 Préchauffer le four à 180 °C – th. 6.

Battre les œufs avec le lait, et ajouter le sel, le poivre et la muscade.

Verser dans des ramequins individuels et cuire au bain-marie, pendant 40 min.

Pendant ce temps, préparer un coulis de tomates parfumé au basilic. Démouler et servir chaud entouré de la sauce.

Pain de courgettes au jambon

Préparation : 25 min – Cuisson : 15 min
Pour 4 personnes

- 100 g de jambon dégraissé
- 500 g de courgettes
- 4 œufs
- 1 petit suisse 0 % MG
- 1 cuiller à soupe de cancoillotte

- 1 pincée de noix de muscade
- 1 cuiller à soupe de Maïzena®
- 4 cuillers à soupe de lait écrémé
- sel, poivre

🥚 Mixer le jambon.

Éplucher les courgettes et les couper en fines rondelles. Dans un plat allant au micro-ondes, déposer les courgettes, verser un peu d'eau et cuire 5 min à puissance maximale. Ensuite, égoutter, assaisonner et mixer avec les œufs, le jambon, le petit suisse et la cancoillotte, une pincée de noix de muscade, sel et poivre. Battre le tout avec une fourchette pour obtenir une préparation homogène.

Délayer la Maïzena® dans un peu d'eau froide puis dans le lait chaud et l'incorporer à la préparation précédente.

Tapisser un moule à cake avec du film alimentaire, verser le flan dans le moule et recouvrir de film alimentaire.

Cuire 15 min au micro-ondes puissance 3.

Vérifier la cuisson et laisser reposer 5 min avant de sortir du four.

Papeton d'aubergines

Préparation : 20 min – Cuisson : 30 min
Pour 2 personnes

- 400 g d'aubergines
- 3 œufs
- 20 cl de lait écrémé
- noix de muscade

- quelques brins de thym
- quelques brins de romarin
- sel, poivre

Laver et peler les aubergines, les couper en tranches épaisses et les ranger dans une passoire. Laisser dégorger pendant 30 min après les avoir assaisonnées de sel fin. Les essuyer avant de les faire blanchir 5 min, et les égoutter.

Préchauffer le four à 150 °C – th. 5.

Battre les œufs en omelette, assaisonner. Mélanger avec le lait, râper un peu de noix de muscade. Saupoudrer de thym et de romarin. Dans un plat allant au four, ranger les tranches d'aubergine et les napper du mélange œufs-lait.

Enfourner pendant 30 min.

Rubans d'omelette aux anchois

Préparation : 15 min – Cuisson : 10 min
Pour 2 personnes

- 3 tomates
- 8 anchois dessalés
- 1 cuiller à soupe de câpres
- 10 brins de ciboulette
- 5 brins de coriandre
- 5 brins de persil
- 8 œufs
- 2 cuillers à soupe de lait écrémé
- 6 tomates confites sèches
- poivre

Laver et couper les tomates en quartiers. Dans une poêle, les faire revenir à feu moyen avec les anchois et les câpres pendant 5 min à feu moyen.
Laver et ciseler les herbes.
Battre les œufs en omelette, ajouter le lait et les herbes. Poivrer.
Avec les œufs, faire 2 grandes omelettes fines (5 mm d'épaisseur). Laisser refroidir et les couper en lanières d'environ 2 cm de largeur.
Dans un plat, déposer les rubans d'omelette, les tomates aux anchois. Ajouter les tomates séchées et mélanger le tout.

Soufflé aux champignons

Préparation : 15 min – Cuisson : 10 min
Pour 1 personne

- 150 g de champignons de Paris
- 1 œuf + 1 blanc d'œuf
- 3 cuillers à soupe de fromage blanc 0 % MG
- sel, poivre

Préchauffer le four à 180 °C – th. 6.
Plonger les champignons pendant 2 min dans une cas-

serole remplie d'eau bouillante. Les passer ensuite au mixeur. Mélanger cette purée de champignons avec le jaune d'œuf, le fromage blanc et les 2 blancs battus en neige. Saler, poivrer, et verser dans un petit ramequin. Enfourner pendant 10 min environ.

Soufflé de concombre basilic

Préparation : 20 min – Cuisson : 15 min
Pour 1 personne

- 1/2 concombre
- 4 cuillers à soupe de fromage blanc 0 % MG
- 1/2 botte de basilic frais
- 6 blancs d'œufs
- 4 tomates
- 2 oignons
- sel, poivre

Mixer le concombre et mélanger cette purée avec le fromage blanc. Saler et poivrer.

Hacher 8 feuilles de basilic et les ajouter à la préparation.

Battre les blancs en neige et les incorporer au mélange concombre-fromage blanc.

Peler et épépiner les tomates. Tailler la pulpe en dés. Émincer les oignons et les faire suer quelques minutes, dans une poêle antiadhésive à feu moyen et à sec. Ajouter les tomates, assaisonner et laisser cuire à feu doux pendant 15 min.

Huiler légèrement des ramequins individuels. Déposer 1 cuillerée de concassée de tomates et d'oignons au fond, puis remplir jusqu'aux deux tiers avec la préparation du soufflé.

Enfourner pendant 15 min à 200 °C – th. 6-7.

Lorsque les soufflés sont cuits, déposer dessus une feuille de basilic.

Soupe verte à l'oseille

Préparation : 35 min – Cuisson : 20 min
Pour 4 personnes

- 2 œufs
- 1 oignon
- 2 blancs de poireaux
- 5 ou 6 feuilles de laitue
- 1 botte d'oseille
- 250 g d'épinards
- 2 cubes de bouillon de poule dégraissé
- 3 tiges de ciboulette
- 1 pincée de cerfeuil
- sel, poivre

Faire cuire les œufs durs.

Peler et hacher l'oignon.

Nettoyer et émincer les blancs de poireaux, la laitue, l'oseille ainsi que les épinards.

Faire revenir à feu moyen l'oignon et les poireaux en poêle luisante (huilée et essuyée au Sopalin). Ajouter les autres légumes et laisser fondre à feu doux durant 5 min en remuant.

Mouiller avec 1 l d'eau chaude, saler, poivrer et ajouter les cubes de bouillon.

Poursuivre la cuisson pendant 10 minutes à feu moyen. Écaler les œufs durs et les passer à la moulinette.

Mixer les œufs, la soupe et ciseler les fines herbes. Saupoudrer la soupe avec les œufs hachés et les fines herbes.

Tarte aux légumes

Préparation : 15 min – Cuisson : 40 min
Pour 2 personnes

- 1 petit poivron
- 1 courgette
- 4 gros champignons de Paris
- 1 petit oignon
- 3 œufs
- 70 cl de lait écrémé
- 1 sachet de levure
- sel, poivre

Préchauffer le four à 230 °C – th. 7-8.
Laver et couper le poivron, la courgette, les champignons, l'oignon en très petits morceaux.
Mélanger dans un saladier les œufs, le lait et la levure.
Saler et poivrer.
Ajouter tous les légumes à la préparation.
Verser dans un moule antiadhésif et enfourner durant 40 min environ.

Tarte flambée alsacienne

Préparation : 15 min – Cuisson : 30 min
Pour 4 personnes

- 35 g de Maïzena®
- 2 œufs
- 200 g de fromage blanc 0 % MG
- 250 g d'oignons nouveaux
- 200 g de jambon blanc dégraissé haché
- 2 tomates
- 90 g de cancoillotte

Mélanger la Maïzena®, les jaunes d'œufs et le fromage blanc. Ajouter les blancs d'œufs battus en neige très ferme.
Verser le tout dans une tourtière antiadhésive. Recouvrir avec les oignons nouveaux finement émincés,

saler et poivrer, puis ajouter le jambon blanc haché, les tomates coupées en lamelles fines et la cancoillotte. Enfourner à 210 °C – th. 7, pendant 25 à 30 min. Servir chaud ou froid.

Tomates au nid

Préparation : 15 min – Cuisson : 30 min
Pour 4 personnes

- 8 tomates
- 4 œufs
- 200 g de jambon dégraissé
- basilic frais
- sel, poivre

Préchauffer le four 20 min à 220 °C – th. 7-8. Laver les tomates. Couper le dessus et creuser, saler à l'intérieur et les retourner pour les laisser dégorger.
Battre les œufs, les saler et poivrer, y ajouter le jambon maigre coupé en petites lamelles, et un peu de basilic frais ciselé.
Répartir cette préparation dans les tomates, les mettre dans un plat allant au four et faire cuire pendant 25 à 30 min.

LES POISSONS
ET LES FRUITS
DE MER

Aile de raie au safran

Préparation : 20 min – Cuisson : 45 min
Pour 2 personnes

- 2 blancs de poireaux
- 2 carottes
- 2 branches de céleri
- 1 oignon piqué d'1 clou de girofle
- 1 bouquet garni
- 1 dosette de safran
- 1 belle aile de raie de 400 g environ
- 1 cuiller à soupe de persil haché
- sel, poivre en grains

Éplucher et laver tous les légumes. Les couper en morceaux et les cuire dans 1 l d'eau bouillante salée, pendant 10 min. Ajouter l'oignon, le bouquet garni, 5 grains de poivre et le safran. Poursuivre la cuisson, à feu doux et à couvert, durant 25 min.
Retirer alors les légumes à l'aide d'une écumoire. Plonger l'aile de raie dans le bouillon frémissant pour la pocher durant 10 min. L'égoutter et la servir entourée de légumes.
Arroser le tout d'une louche de bouillon de cuisson et saupoudrer de persil haché.

Amuse-gueules régime

Préparation : 30 min – Sans cuisson
Pour 6 personnes

- 1 concombre
- 3 carottes
- 1 botte de radis
- 1 bulbe de fenouil
- quelques tiges de céleri
- 200 g de crevettes
- 200 g de surimi

Pour la crème :
- 250 g de fromage blanc 0 %MG
- quelques feuilles de basilic
- quelques brins d'estragon
- quelques brins de persil
- sel, poivre

Éplucher les différents légumes lavés et les couper en bâtonnets.

Décortiquer les crevettes.

Déposer tous les ingrédients sur la table accompagnée de la crème aux herbes.

Asperges au surimi

Préparation : 10 min – Sans cuisson
Pour 2 personnes

- 500 g d'asperges fraîches
  à cuire en bouillon ou
  2 bocaux d'asperges
  blanches (58 cl)
- 2 tomates
- 10 bâtonnets de surimi
- 4 œufs durs
- 1 laitue

Faire une sauce vinaigrette Dukan bien liée en assaisonnement.

Dans un saladier, couper les asperges, les tomates et les bâtonnets de surimi en morceaux.

Couper les œufs en deux sur la hauteur.

Nettoyer la laitue et conserver les plus belles feuilles. Les disposer en étoile au fond d'un plat rond, répartir une égale proportion du mélange asperges – tomates – œufs durs – surimi sur chaque feuille. Servir accompagné de la sauce vinaigrette Dukan.

Blanquette de poisson

Préparation : 20 min – Cuisson : 15 min
Pour 2 personnes

- 25 cl de moules
- 500 g de chair de poisson (lotte, saint-pierre) coupée en dés
- 75 g de champignons de Paris

- 25 cl de fumet de poisson
- 1/2 citron
- 2 cuillers à soupe de fromage blanc 0 % MG
- 1 jaune d'œuf
- sel, poivre

 Nettoyer les moules.

Faire revenir les dés de poisson et les champignons émincés dans une poêle légèrement huilée. Une fois dorés, ajouter les moules et mouiller avec le fumet de poisson. Prolonger la cuisson de 10 à 15 min, puis égoutter en gardant le jus.

Décortiquer les moules et réserver au chaud.

Laisser réduire le jus de cuisson moitié et le passer au chinois. Incorporer le jus de citron et lier la sauce avec le fromage blanc et le jaune d'œuf à feu très doux sans laisser bouillir. Assaisonner. Napper le poisson et les légumes de cette sauce et servir.

Cabillaud au safran

Préparation : 15 min – Cuisson : 40 min
Pour 4 personnes

- 500 g de tomates
- 2 gousses d'ail pilées
- 100 g de blanc de poireaux
- 100 g d'oignons hachés
- 1 fenouil
- 3 branches de persil
- 1 pincée de safran
- 4 tranches de cabillaud
- 10 cl d'eau
- sel, poivre

Couper les tomates en morceaux. Ajouter l'ail, les poireaux émincés, les oignons, le fenouil émincé, le persil et le safran. Saler et poivrer. Laisser mijoter pendant 30 min.
Ajouter le poisson et recouvrir d'eau. Porter à feu vif. Baisser la flamme et laisser frémir 10 min.

Cabillaud cocotte

Préparation : 10 min – Cuisson : 20 min
Pour 2 personnes

- 300 g de courgettes
- 300 g de filet de cabillaud
- 1 gousse d'ail
- thym
- sel, poivre

Peler et couper les courgettes en rondelles.
Dans une cocotte antiadhésive, disposer une couche de courgettes, puis une couche de poisson. Saler et poivrer. Terminer par une couche de courgettes. Saler et poivrer de nouveau. Ajouter l'ail pilé et le thym.
Couvrir et laisser cuire durant 20 min à feu très doux.

Carré de brocoli et saumon

Préparation : 15 min – Cuisson : 35 min
Pour 3 personnes

- 2 œufs
- 2 boîtes de 180 g de saumon au naturel
- 300 g de brocoli cru en bouquets
- 250 g de fromage cottage 0 % MG
- 1 petit oignon
- 200 g de poivron vert
- sel, poivre

Mélanger les œufs battus, le saumon égoutté, les bouquets de brocoli, le fromage cottage, l'oignon émincé, le poivron vert haché, le poivre et le sel.
Déposer la préparation dans un plat carré antiadhésif.
Mettre à cuire au four à 180 °C – th. 6, pendant 35 min environ.
Accompagner ce plat d'une salade ou de légumes de votre choix.

Cassolettes de cabillaud à la provençale

Préparation : 25 min – Cuisson : 15 min
Pour 2 personnes

- 8 tranches de jambon dégraissé
- 8 tomates
- 2 oignons
- 2 gousses d'ail
- 4 filets de cabillaud
- quelques feuilles de basilic
- sel, poivre

Préchauffer le four à 240 °C – th. 8.
Déposer une tranche de jambon dans 4 petits plats à gratin.

221

Peler et épépiner les tomates. Les couper en lanières et les répartir dans les ramequins. Saler.

Émincer les oignons et l'ail et les répartir sur les tomates.

Enrouler les 4 tranches de jambon restantes autour des filets de cabillaud. Les poser dans chaque plat. Assaisonner.

Enfourner pendant 10 à 15 min et, après cuisson, donner un tour de moulin à poivre et saupoudrer de basilic.

Colin farci

Préparation : 15 min – Cuisson : 30 min
Pour 4 personnes

- 50 g d'oignon haché
- 25 g de céleri branche haché
- 1 cuiller à soupe de persil haché
- 25 cl de jus de tomates
- 100 g de chair de crabe
- 1 œuf
- 800 g de colin en 8 tranches
- sel, poivre

Préchauffer le four à th. 7.

Mélanger avec une spatule pour en faire une farce oignon, céleri, persil, jus de tomate, crabe et œuf, puis assaisonner.

Étendre la farce sur 4 tranches de poisson. Recouvrir avec les 4 autres tranches.

Placer dans un petit faitout.

Verser sur le poisson le reste du jus de tomates. Enfourner pendant 30 min.

Servir très chaud.

Concombre farci au thon

Préparation : 15 min – Sans cuisson
Pour 1 personne

- 1 concombre
- 1 boîte de 120 g de miettes de thon au naturel
- 4 cuillers à café de mayonnaise Dukan
- sel, poivre

Laver et éplucher le concombre. Le couper en 2, puis fendre chaque moitié en 2 dans la longueur. Épépiner avec 1 cuiller en laissant un bord d'au moins 1 cm.

Dans une terrine, mélanger les miettes de thon et la mayonnaise. Rectifier l'assaisonnement.

Farcir chaque part de concombre avec cette préparation.

Crevettes à la tomate

Préparation : 15 min – Sans cuisson
Pour 2 personnes

- 500 g de tomates
- 600 g de crevettes cuites décortiquées
- 2 œufs durs

Pour la sauce :
- 2 jaunes d'œuf durs
- 1 cuiller à café de moutarde
- 1 cuiller à soupe de jus de citron
- 1 yaourt 0 % MG
- sel, poivre

Laver et creuser délicatement les tomates. Saler légèrement l'intérieur et les retourner.

Mixer les crevettes décortiquées avec les 2 œufs durs. Farcir les tomates de cette préparation.

Pour la sauce, écraser les 2 jaunes d'œufs durs avec la cuiller de moutarde. Verser le jus de citron. Saler, poivrer, incorporer le yaourt petit à petit en remuant. Napper les tomates farcies de cette sauce.

Émincé de saumon sur un lit de poireaux

Préparation : 15 min – Cuisson : 30 min
Pour 2 ou 3 personnes

- 500 g de poireaux
- 4 cuillers à soupe d'échalote hachée
- 4 filets de saumon
- 1 cuiller à soupe d'aneth
- sel, poivre

Laver et couper les poireaux en tronçons. Dans une sauteuse, faire cuire l'échalote et les poireaux à feu doux pendant 20 min. Ajouter un peu d'eau si nécessaire. Saler, poivrer et réserver au chaud.
Déposer le saumon salé et poivré côté peau dans une poêle antiadhésive. Laisser cuire 10 min à feu moyen. Présenter le saumon sur lit de poireaux, saupoudré d'aneth.

Filet de cabillaud cocotte

Préparation : 20 min – Cuisson : 20 min
Pour 2 personnes

- 4 courgettes
- 4 filets de cabillaud
- 3 citrons
- 4 gousses d'ail
- quelques brins de thym
- sel, poivre

Laver les courgettes et les détailler en rondelles sans les éplucher.

Dans une cocotte à revêtement antiadhésif, disposer une couche de courgettes, puis les filets de poisson, saler et poivrer, et terminer par une couche de courgettes. Arroser avec le jus des citrons, ajouter l'ail pilé et le thym, couvrir et laisser cuire durant 20 min à feu très doux.

Fondue chinoise

Préparation : 25 min – Cuisson : 10 min
Pour 4 personnes

- 600 g de légumes de votre choix (choux, carottes, champignons, céleri, tomates)
- 30 cl de bouillon corsé dégraissé
- 400 g de poisson (lotte, cabillaud ou daurade)
- 100 g de calamars taillés en lanières
- 12 scampi (ou crevettes)
- 12 moules
- 1 citron
- 1 l de bouillon
- quelques pluches de cerfeuil

Après avoir nettoyé les légumes, les faire cuire séparément *al dente* à la vapeur ou au bouillon. Laisser refroidir et dresser sur les assiettes.

Couper les poissons en morceaux de la taille d'une bouchée et les dresser sur un plat, ou sur 4 assiettes avec les calamars, les scampi et les moules brossées et nettoyées. Garnir de tranches de citron.

Assaisonner le bouillon pour qu'il soit assez corsé et ajouter des pluches de cerfeuil. Apporter à table sur un réchaud allumé.

Plonger les légumes et le poisson quelques instants dans le bouillon et accompagner de sauce, comme pour une fondue chinoise.

Frisée au saumon

Préparation : 10 min – Sans cuisson
Pour 1 personne

- 1 cœur de salade frisée
- 60 g de saumon fumé
- quelques pluches d'aneth
- 1 citron
- 1 cuiller à soupe d'huile de paraffine à l'estragon
- 1 cuiller à soupe d'œufs de saumon
- sel, poivre

Laver et essorer le cœur de salade.
Couper le saumon en lanières régulières. Mettre dans un saladier le saumon avec la salade et l'aneth.
Arroser avec une vinaigrette composée de sel, de poivre, du jus de citron. Parsemer d'œufs de saumon. Servir aussitôt.

Gratin de moules

Préparation : 30 min – Cuisson : 10 min
Pour 4 personnes

- 750 g de courgettes
- 1 kg de moules qualité bouchot
- 1 feuille de laurier
- 2 cuillers à café de Maïzena®
- 1 cuiller à dessert de crème fraîche 4 % MG
- 8 jaunes d'œufs
- 8 cuillers à café de fromage blanc 0 % MG
- 6 cuillers à soupe de cancoillotte
- sel, poivre

Cuire dans une poêle, légèrement huilée, les courgettes coupées en tranches à feu moyen. Saler, poivrer, remuer et laisser rendre l'eau pendant 10 min puis égoutter.

Pendant ce temps, laver et gratter les moules. Dans une grande casserole les faire ouvrir avec le laurier puis les égoutter en conservant le jus de cuisson. Ôter les coquilles et passer le jus au tamis.

Préchauffer le four à 240 °C – th. 8.

Dans une casserole, faire mousser la Maïzena® en ajoutant un verre de jus de moules et la crème. Poivrer, fouetter et faire épaissir, ôter du feu.

Dans un bol, mélanger les jaunes d'œufs et le fromage blanc. Tout en fouettant, incorporer la sauce.

Mettre les courgettes dans un plat à gratin, répartir les moules dessus, napper avec la sauce et parsemer de cancoillotte.

Mettre au four durant 5 min, puis sous le gril pendant 2 min.

Gratin de pétoncles aux épinards

Préparation : 30 min – Cuisson : 15 min
Pour 2 personnes

- 480 g de noix de pétoncle
- 500 g d'épinards frais
- 2 jaunes d'œufs
- 3 cuillers à soupe de fromage blanc 0 % MG
- 30 cl de fumet de poisson
- 15 g de Maïzena®
- sel, poivre

Préchauffer le four à 210 °C – th. 7.

Faire sauter les noix de pétoncles dans une poêle à feu moyen. Les mettre de côté.

Nettoyer, essorer et ciseler les épinards. Les ajouter aux noix de pétoncle. Faire revenir à feu doux durant quelques minutes puis réserver au chaud.

Mélanger les jaunes d'œufs avec le fromage blanc dans une casserole. Ajouter le fumet de poisson et la Maïzena®. Saler et poivrer. Répartir le mélange noix de pétoncle et épinards dans deux plats à gratin individuels, y verser la sauce et faire dorer au four à 200 °C, pendant 15 min.
Servir dans les plats de cuisson.

Marinade de Saint-Jacques aux légumes grillés

Préparation : 10 min – Cuisson : 25 min
Pour 2 personnes

- 1 citron
- 2 cuillers à soupe de coriandre fraîche
- 16 noix de Saint-Jacques
- 1 aubergine
- 2 courgettes
- 4 cuillers à soupe de coulis de tomate
- sel, poivre

Laver le citron. Prélever le zeste et presser son jus. Préparer une marinade en mélangeant le zeste et le jus de citron, la coriandre ciselée, le sel et le poivre. Cuire les noix de Saint-Jacques durant 3 min à la vapeur.
Laver les légumes. Couper l'aubergine en cubes et les courgettes en rondelles. Les cuire pendant 10 min à la vapeur. Puis les faire griller 10 min dans une poêle recouverte d'une feuille de papier cuisson. Répartir la marinade sur les légumes grillés.
Sur deux assiettes, disposer le coulis de tomate puis les légumes, les noix de Saint-Jacques et laisser mariner 1 h au réfrigérateur avant de servir.

Masala de bar

Préparation : 15 min – Cuisson : 20 min
Pour 4 personnes

- 1 cuiller à soupe de garam masala en poudre
- 1 yaourt 0 % MG
- 400 g de bar sans arêtes
- 200 g de scampi
- 2 échalotes
- 400 g de carottes
- 200 g de fenouil
- 2 cuillers à soupe de bouillon de légumes
- 8 cuillers à soupe de yaourt 0 % MG
- 1 cuiller à café de Maïzena®
- 75 g de cresson
- 1 filet de citron
- sel, poivre

Fouetter le garam masala dans le yaourt. Saler les dés de poisson et les scampi décortiqués et les enduire de ce mélange. Laisser mariner au moins 1 h au frais.

Égoutter le poisson et les scampi sur un papier absorbant. Les faire revenir à feu vif quelques instants puis réserver sur une assiette couverte.

Faire alors fondre les échalotes émincées dans une poêle antiadhésive légèrement huilée, en tournant constamment. Ajouter les carottes et le fenouil coupés en très fines lamelles, les faire suer quelques minutes, puis verser dessus le bouillon de légumes et laisser cuire à couvert jusqu'à ce que les légumes soient tendres.

Délayer le yaourt avec la Maïzena® et 1 cuiller à café d'eau froide. Verser, en fouettant, ce mélange dans les légumes et porter à ébullition. Ajouter alors les dés de poisson et les scampi déjà cuits et restés chauds, le cresson, le citron, le sel et le poivre.

Mousse de brocolis
au surimi

Préparation : 15 min – Cuisson : 10 min
Pour 6 personnes

- 6 feuilles de gélatine
- 1 kg de purée de brocolis surgelés
- 12 cuillers à café de fromage blanc 0 % MG
- 280 g de surimi râpé
- 1 pot de purée de tomates
- 1 cuiller à café de basilic surgelé
- 1/2 cuiller à café d'ail surgelé
- sel, poivre

Mettre les feuilles de gélatine dans l'eau froide pour les ramollir et bien les mélanger pour la faire fondre.

Cuire la purée de brocolis au four à micro-ondes environ 10 min.

Incorporer ensuite le fromage blanc additionné de très peu d'eau pour le lier et le surimi râpé. Saler et poivrer. Répartir la mousse dans des ramequins individuels recouverts de film étirable afin de faciliter le démoulage. Laisser prendre au réfrigérateur au moins 4 h.

Préparer le coulis de tomates en mélangeant la purée de tomates avec le basilic, l'ail, le sel et le poivre. Réserver au frais.

Démouler les mousses sur les assiettes de service et répartir le coulis de tomates.

Servir aussitôt.

Mousse de saumon fumé

Préparation : 15 min – Sans cuisson
Pour 2 personnes

- 120 g de saumon fumé
- 260 g de fromage blanc 0 % MG
- 1 feuille de gélatine
- 1 cuiller à café de concentré de tomates
- 1 citron
- 1 pincée de paprika
- 2 blancs d'œufs en neige
- 4 branches de céleri

Mixer finement ensemble le saumon fumé et le fromage blanc, puis la gélatine en feuille fondue avec 1 cuiller d'eau chaude.

Mêler le concentré de tomates et le jus de citron ainsi que le paprika. Incorporer cette préparation à la précédente. Travailler le tout au fouet, ajouter les blancs en neige.

Disposer le tout dans des ramequins, puis mettre au réfrigérateur durant 2 à 3 h.

Servir avec du céleri branche, ou des endives, par exemple.

Papillotes de saumon aux légumes

Préparation : 20 min – Cuisson : 20 min
Pour 4 personnes

- 1 petite courgette
- 2 tomates
- 100 g de champignons de Paris
- 4 pavés de saumon
- 1 citron
- 2 cuillers à café de baies roses
- sel, poivre

🐟 Préchauffer le four à 210 °C – th. 7.

Laver et couper la courgette en rondelles fines sans l'éplucher.

Peler et couper les tomates en quartiers. Prendre soin d'enlever les pépins.

Laver et couper les champignons en fines lamelles.

Déposer les pavés de saumon dans des feuilles de papier sulfurisé.

Disposer les légumes autour du saumon, ainsi que les quartiers de citron.

Saler, poivrer, puis ajouter quelques baies roses.

Bien refermer les papillotes et les disposer dans un plat allant au four. Laisser cuire pendant 20 min et servir.

Pavés de saumon à la menthe

Préparation : 20 min – Cuisson : 30 min
Pour 2 personnes

- 500 g de filet de saumon frais
- 2 à 3 cuillers à soupe de menthe fraîche
- 1 grosse courgette
- 1 tranche de saumon fumé
- 2 feuilles de gélatine
- 1 cuiller à soupe de fromage blanc 0 % MG
- sel, poivre

🐟 Faire cuire le filet de saumon frais, en papillote, au four pendant 30 min, ou à la vapeur dans du papier d'aluminium. Laisser refroidir.

Laver et hacher la menthe fraîche. Laver la courgette et la couper en tranches fines dans le sens de la longueur, en conservant la peau.

Faire dorer rapidement les tranches de courgettes dans une poêle antiadhésive à feu assez vif, avec une pointe d'huile. Les laisser refroidir.

Émietter grossièrement le saumon cuit et hacher le saumon fumé.

Dans une casserole, mettre les feuilles de gélatine, préalablement ramollies dans de l'eau froide et essorées. Incorporer la gélatine dans le saumon et le fromage blanc, ainsi que la menthe. Mélanger le tout et assaisonner avec le sel et le poivre.

Chemiser 4 ramequins avec les tranches de courgettes et y verser la préparation précédente.

Laisser 12 h au réfrigérateur et sortir 30 min avant de servir.

Poêlée de surimi et crevettes aux champignons

Préparation : 25 min – Cuisson : 7 à 8 min
Pour 4 personnes

- 2 gousses d'ail
- 1 botte de persil
- 500 g de champignons de Paris
- 500 g de bâtonnets de surimi
- 500 g de grosses crevettes

Hacher ensemble l'ail et le persil, puis réserver. Nettoyer les champignons, les égoutter, les émincer et réserver.

Couper les bâtonnets de surimi en dés. Décortiquer les crevettes et les couper en dés.

Dans une poêle antiadhésive, faire revenir les crevettes à feu moyen, ajouter les champignons, laisser étuver pendant 1 min, puis ajouter les dés de surimi. Assaisonner, incorporer la persillade et servir aussitôt.

Poisson au gratin

Préparation : 15 min – Cuisson : 30 min
Pour 2 personnes

- 500 g de filet de poisson blanc (cabillaud, dorade ou lieu)
- 4 blancs d'œufs
- 4 cuillers à soupe de fromage blanc 0 % MG
- 1 boîte de pointes d'asperges
- 125 g de crevettes
- quelques brins de persil
- sel, poivre

Mélanger les filets de poisson, le fromage blanc avec les blancs d'œufs.

Déposer cette préparation dans un plat avec les crevettes, les asperges et le persil.

Enfourner pendant 30 min à 180 °C – th. 6.

Poisson en papillote

Préparation : 20 min – Cuisson : 10 min
Pour 4 personnes

- 2 oignons
- 2 tomates
- 2 carottes
- 1 poivron vert
- 2 branches de céleri
- 2 branches de persil
- 4 tranches de poisson maigre
- sel, poivre

Préchauffer le four à 250 °C – th. 8-9.

Faire un hachis avec les oignons, les tomates, les carottes, le poivron, le céleri et le persil. Saler et poivrer.

Laver et essuyer le poisson.

Sur une feuille de papier sulfurisé, disposer le poisson, puis le hachis de légumes.

Fermer soigneusement les papillotes, ramener le four à th. 6 et faire cuire au four pendant 10 min.

Quiche sans pâte thon et tomates

Préparation : 15 min – Cuisson : 25 min
Pour 3 personnes

- 2 œufs entiers
- 4 blancs d'œufs
- 2 petites tomates
- 1 petite boîte de thon au naturel
- 2 cuillers à soupe de fromage blanc 0 % MG
- 2 pincées d'herbes de Provence
- sel, poivre

Battre puis cuire en poêle luisante (huile puis Sopalin) une omelette de deux œufs entiers. Couper les tomates en très fines lamelles, émietter le thon, ajouter le fromage blanc et les herbes.
Mélanger tous les ingrédients et disposer la préparation dans un plat allant au four.
Enfourner à 180 °C – th. 6, pendant 20 à 25 min.

Ragoût de moules aux poireaux

Préparation : 30 min – Cuisson : 30 min
Pour 4 personnes

- 2 l de moules
- 1 kg de poireaux
- 1 pincée de noix de muscade râpée
- 15 cl de béchamel Dukan
- 1 bouquet de persil
- 1 bouquet de cerfeuil
- 1 brin d'estragon
- 1/2 citron bien mûr
- sel, poivre

Nettoyer les moules et les faire ouvrir à feu vif dans une cocotte en remuant fréquemment. Les retirer de leur coquille en réservant l'eau de cuisson que l'on passe et que l'on met dans une sauteuse.

Éplucher les poireaux en retirant une partie du vert. Les laver et les couper en rondelles. Les faire pocher pendant 5 min à couvert dans l'eau des moules ; puis à découvert pendant 20 min avec sel, poivre et noix de muscade râpée. Préparer la béchamel Dukan.

Hacher menu persil, cerfeuil et estragon. Incorporer ces herbes à la béchamel. Ajouter les moules décortiquées. Arroser avec le jus du demi-citron. Lorsque les poireaux sont cuits, ajouter la béchamel en mélangeant délicatement.

Servir bien chaud.

Ramequins de poisson au coulis de tomates

Préparation : 25 min – Cuisson : 25 min
Pour 2 personnes

- 400 g filets de sole
- 1 bouquet de cerfeuil
- 1 œuf
- 2 cuillers à soupe bombées de fromage blanc 0 % MG
- 800 g de tomates
- 1 pincée de thym
- 1 petite branche de laurier
- 1 gousse d'ail
- 1 échalote
- sel, poivre

Émietter ou passer au mixeur 2 filets de sole, saler et poivrer, ajouter les pluches d'un bouquet de cerfeuil, un œuf battu en omelette et 2 cuillers à soupe de fromage blanc. Verser dans 2 ramequins légèrement huilés et faire cuire 20 à 25 min au four – th. 6. Attendre quelques minutes avant de démouler. Par ailleurs, préparer le coulis avec 800 g de tomates pelées, mixées et cuites un bon quart d'heure avec du thym, du laurier, la gousse d'ail pilée, et l'échalote hachée. Napper le poisson de coulis au moment de servir.

Rôti de cabillaud aux courgettes et à la tomate

Préparation : 20 min – Cuisson : 30 min
Pour 4 personnes

- 400 g de courgettes
- 300 g de tomates
- 1 cuiller à soupe d'eau
- 2 brins de thym
- 4 gousses d'ail
- 1 pavé de cabillaud de 700 g
- sel, poivre

Préchauffer le four à 210 °C – th. 7. Couper les deux extrémités des courgettes, les laver et les tailler en rondelles de 3 mm. Peler et épiner les tomates puis hacher finement la pulpe. Dans un plat rectangulaire, verser l'eau et les légumes. Saupoudrer de thym émietté, saler, poivrer et mélanger.

Peler, dégermer et partager les gousses d'ail en 3 lamelles. Laver rapidement et éponger le poisson, faire 6 entailles de chaque côté pour y glisser les lamelles d'ail, saler, poivrer.

Déposer le poisson directement au milieu du plat en écartant les légumes et enfourner pendant 30 min, mélanger plusieurs fois les légumes pendant la cuisson.

Lorsque le poisson est cuit, retirer la peau, lever les filets et les répartir dans les assiettes de service avec les légumes et les arroser du jus de cuisson, servir aussitôt.

Roulades de concombre aux crevettes

Préparation : 20 min – Sans cuisson
Pour 2 personnes

- 2 œufs durs
- 100 g de crevettes cuites décortiquées
- 100 g fromage blanc 0 % MG
- quelques gouttes de Tabasco®
- 1/2 concombre
- 4 cuillers à soupe de ciboulette ciselée
- sel, poivre

Mélanger les œufs durs écrasés à la fourchette, les crevettes, le fromage blanc et le Tabasco®. Saler, poivrer et réserver cette sauce.

Peler le concombre, l'évider et le couper en lamelles dans le sens de la longueur.

Napper le concombre de sauce aux crevettes et saupoudrer de ciboulette.

Enrouler les lamelles sur elles-mêmes, disposer dans les assiettes et déguster bien frais.

Roulés de saumon

Préparation : 20 min – Cuisson : 20 min
Pour 8 personnes

- 2 boîtes de cœurs de palmiers
- 8 tranches de saumon fumé
- 2 carrés frais Gervais™ 0 % MG
- 125 g de fromage blanc 0 % MG
- 2 pincées d'herbes de Provence
- 1 goutte de vinaigre de framboise
- sel, poivre

🐟 Enrouler les cœurs de palmiers avec les tranches de saumon fumé.

Mélanger les carrés frais avec le fromage blanc, les herbes, le vinaigre, le sel et le poivre.

Verser la moitié du mélange au fromage dans un plat, poser dessus les roulés de saumon, napper avec le reste du mélange.

Enfourner pendant 20 min à 150 °C – th. 5.

Salade de crevettes

Préparation : 15 min – Cuisson : 5 min
Pour 2 personnes

- 600 g de salade
- 4 cuillers à café d'huile de paraffine
- 4 cuillers à café de vinaigre
- quelques brins d'estragon
- 200 g de crevettes roses
- 4 œufs
- sel, poivre

🐟 Éplucher la salade, la laver et bien l'essorer.

Préparer la vinaigrette dans un saladier.

Mélanger la salade avec l'estragon effeuillé et les crevettes décortiquées dans le saladier.

Cuire les œufs mi-mollets, soit 5 à 6 min dans de l'eau bouillante. Les écaler délicatement, le jaune étant encore liquide.

Les déposer très chauds sur la salade.

Salade d'épinards au poisson fumé

Préparation : 5 min – Cuisson : 2 min
Pour 4 personnes

- 700 g de pousses d'épinards
- 300 g de poisson fumé (saumon, flétan, truite ou anguille)

- moutarde
- vinaigre
- huile de paraffine à la noisette
- sel, poivre

Disposer dans des assiettes individuelles les pousses d'épinards lavées et essuyées. Faire sauter le poisson coupé en lanières 2 min dans une poêle et le poser sur les épinards.

Arroser le tout avec la vinaigrette composée de moutarde, vinaigre et huile de paraffine à la noisette. Saler et poivrer.

Salade tiède de haricots et aile de raie

Préparation : 25 min – Cuisson : 15 min
Pour 2 personnes

- 1 sachet de court-bouillon
- 2 ailes de raie
- 100 g de haricots verts
- huile de paraffine nature et à la noisette

- 1 cuiller à soupe de vinaigre de framboise
- 1 gousse d'ail
- 1 échalote
- sel, poivre

Préparer le court-bouillon, le porter à ébullition et y faire pocher la raie pendant 8 min, en laissant frémir.

Pendant ce temps, cuire les haricots verts à la vapeur.

Préparer une vinaigrette avec de l'huile et du vinaigre de framboise, renforcer sans excès d'huile de noisette. Broyer un peu de poivre, d'ail et d'échalote et les incorporer à la vinaigrette, saler, poivrer.

Mettre les haricots dans un saladier avec les deux tiers de la vinaigrette. Mélanger, puis les dresser en assiette, poser dessus la raie sans peau et sans cartilage. Arroser du reste de vinaigrette, et servir immédiatement.

Saumon au fenouil et aux poireaux

Préparation : 15 min – Cuisson : 15 min
Pour 4 personnes

- 4 poireaux
- 2 bulbes de fenouil
- 4 oignons
- 4 clous de girofle

- 1 bouquet garni (persil, thym, laurier)
- 4 pavés de saumon
- 1 œuf
- sel fin

Peler et laver les poireaux et les fenouils. Couper les poireaux partiellement dans le sens de la longueur et les bulbes de fenouil en 4.

Piquer chaque oignon d'un clou de girofle.

Porter à ébullition une grande quantité d'eau salée et y plonger les poireaux, les fenouils, les oignons et le bouquet garni. Laisser cuire à feu doux pendant 10 min.

Ajouter le saumon et poursuivre la cuisson durant 5 min.

Pendant ce temps, faire cuire l'œuf pour qu'il soit dur et l'écraser finement à la fourchette.

À la fin de la cuisson, égoutter le poisson et les légumes, disposer sur un plat de service, parsemer d'œuf mimosa et servir aussitôt.

Saumon gourmand

Préparation : 20 min – Sans cuisson
Pour 2 personnes
- 1 petit bouquet d'aneth
- 1/2 de bulbe de fenouil
- 1/2 citron
- 2 yaourts 0 % MG
- 4 tranches de saumon fumé
- 4 feuilles de salade
- sel, poivre

Laver l'aneth et le ciseler. Laver le fenouil et le couper en petits dés.

Dans un petit saladier, préparer la sauce en mélangeant le jus de citron, le sel, le poivre et les yaourts. Ajouter les dés de fenouil et l'aneth ciselé.

Juste avant de servir, couper les tranches de saumon en lanières et les répartir sur chaque assiette. Déposer la sauce au creux de chaque feuille de salade lavée.

Saumon salsa verde sur lit de tomates cerises

Préparation : 15 min – Cuisson : 45 min
Pour 2 personnes
- 2 filets de saumon
- 300 g de tomates cerises
- 2 pincées d'herbes pour poissons
- 1 pot de sauce mexicaine salsa verde

Dans une papillote de papier sulfurisé, disposer le saumon et les tomates cerises coupées en 2.
Saupoudrer d'herbes et napper de salsa verde.
Enfourner à 200 °C – th. 8, pendant 45 min environ.
La salsa verde étant très salée, il ne faut pas saler.

Scampis à la mexicaine

Préparation : 10 min – Cuisson : 3 min
Pour 3 ou 4 personnes

- 4 tomates
- 1 piment vert
- 2 cuillers à soupe de coriandre hachée

- 1 citron vert
- 1 gousse d'ail
- 32 scampis
- sel

Mélanger les tomates pelées, épépinées et coupées en dés avec le piment égrené. Hacher la coriandre, presser le jus de citron, ajouter l'ail et le sel.
Faire cuire les scampis à la vapeur pendant 2 à 3 min.
Les mélanger à la sauce.

Sole crue sur concassée de tomates

Préparation : 10 min – Sans cuisson
Pour 2 personnes

- 4 tomates bien mûres
- 1 citron
- 1 branchette de menthe
- 1 pincée de cerfeuil

- 1 branche de persil
- 4 filets de sole
- sel, poivre

Concasser finement les tomates, pelées et épépinées, les assaisonner de citron, sel et poivre.
Répartir dans les assiettes.
Hacher finement les herbes, en enduire les fines lamelles de sole, les poser sur les tomates. Réfrigérer 1 h.

Soupe de concombre glacée aux crevettes roses

Préparation : 30 min – Sans cuisson
Pour 4 personnes

- 2 petits concombres
- 1 oignon blanc
- 1 gousse d'ail
- 2 citrons
- 2 cuillers à soupe d'anisette
- 4 brins de coriandre
- 8 grosses crevettes roses cuites et décortiquées
- quelques gouttes de Tabasco®
- 1/4 de poivron rouge
- 1/2 oignon rouge
- sel, poivre

Peler, essuyer, couper et épépiner les concombres. Puis les mixer finement avec l'oignon blanc, la gousse d'ail, le jus d'1 citron, l'anisette, le sel et le poivre. Allonger cette purée avec 40 à 50 cl d'eau de source. Ajouter la moitié de la coriandre ciselée. Mettre 45 min au frais.

30 min avant de servir, fendre les crevettes dans la longueur et les étaler sur une assiette, arroser du jus d'un citron et de quelques gouttes de Tabasco®, couvrir et remettre au frais durant 30 min.

Émincer, épépiner et couper le poivron et l'oignon rouge en fines lamelles. Rectifier l'assaisonnement de la soupe et répartir dans de grands verres. Disposer dessus les lamelles de poivrons et d'oignon, les crevettes et la coriandre ciselée. Servir aussitôt.

Soupe de crevettes au concombre et à la coriandre

Préparation : 15 min – Cuisson : 12 min
Pour 4 personnes

- 12 belles crevettes
- 1 concombre
- 2 oignons
- 3 brins de persil
- 2 brins de coriandre
- 2 bouillons cubes de poule dégraissés
- 1 petit piment

Décortiquer les crevettes en conservant la dernière articulation et la queue.

Peler et émincer le concombre et les oignons ; ciseler les feuilles de persil et les pluches de coriandre.

Dans une cocotte, porter 1,5 l d'eau à ébullition et faire dissoudre les tablettes de bouillon. Ajouter le concombre, les oignons et les crevettes. Lorsque l'ébullition reprend, laisser cuire 2 min.

Parsemer des herbes ciselées et des petits morceaux de piment et servir chaud.

Terrine de concombre et saumon fumé

Préparation : 1 h 15 – Sans cuisson
Pour 2 personnes

- 1 concombre
- 200 g de saumon fumé
- 1/2 bouquet de ciboulette
- 200 g de faisselle 0 % MG
- sel, poivre

Peler le concombre et le couper en 2 dans le sens de la longueur. Enlever les graines. Couper le concombre en petits cubes. Les saupoudrer de sel fin. Couvrir d'un film alimentaire et entreposer au réfrigérateur pendant 30 min.

Émincer finement le saumon fumé. Ciseler la ciboulette, la mélanger au saumon, poivrer (mais ne pas saler, le saumon fumé l'étant déjà). Sortir la faisselle de son conditionnement et la laisser s'égoutter au-dessus d'une assiette, soit dans son panier, soit dans un chinois.

Égoutter les dés de concombre et les rincer plusieurs fois. Les essorer dans un linge, puis les ajouter au mélange saumon-ciboulette. Battre la faisselle égouttée et l'incorporer à la préparation. Rectifier l'assaisonnement et mettre au réfrigérateur au moins 30 min avant de servir.

Terrine de poisson à la ciboulette

Préparation : 40 min – Cuisson : 45 min
Pour 3 personnes

- 200 g de carottes
- 400 g de dorade (ou merlan) en filets
- 4 blancs œufs
- 2 cuillers à soupe de fromage blanc 0 % MG
- 300 g saumon frais
- 300 g d'épinards (cuits, bien égouttés)

Pour la sauce :
- 50 cl de fromage blanc 0 % MG (ou 1 yaourt 0 % MG)
- 1 citron
- quelques brins de ciboulette (ou d'estragon)
- sel, poivre

Recette à préparer la veille de sa dégustation.

Faire cuire les carottes à la vapeur pendant 10 min et les mixer.

Mixer la dorade et la mélanger avec les blancs d'œufs, le fromage blanc, le poivre et le sel.

Séparer cette préparation en 3 parts. Dans l'une, incorporer les carottes mixées. Dans l'autre, les épinards (cuits et mixés la veille). Laisser la dernière partie telle quelle.

Dans un moule tapissé de papier cuisson, déposer une couche de chaque préparation séparée par le saumon coupé en lamelles.

Enfourner à 180 °C – th. 6, pendant 45 min.

Pour la sauce : mélanger le fromage blanc, le jus du citron et les herbes.

Terrine du froid

Préparation : 40 min – Cuisson : 45 min
Pour 6 personnes

- 600 g de fenouil
- 450 g de filet de saumon sans la peau
- 150 g de fromage blanc 0 % MG
- 2 blancs d'œufs
- 1 cuiller à soupe d'aneth ciselé
- 1 pincée de curry
- sel, poivre

Éplucher et couper en dés le fenouil. Le cuire à la vapeur pendant 10 min.

Couper en gros cubes 300 g de saumon et faire des lamelles avec les 150 g restants.

Une fois le fenouil cuit, l'égoutter, puis le mixer pour obtenir une purée homogène (mettre de côté 3 cuillers à soupe). Ajouter à cette purée, le fromage blanc, le sel, le poivre, la pincée de curry et 1 blanc d'œuf. Mélanger.

Mixer les dés de saumon avec les 3 cuillers de purée de fenouil. Ajouter le blanc d'œuf restant et assaisonner.

Préchauffer le four à 180 °C – th. 6.

Tapisser une terrine de 1 l avec du papier cuisson. Y verser la moitié de la purée de saumon et parsemer dessus la moitié de l'aneth ciselé. Couvrir avec un tiers de purée de fenouil, puis la moitié des lanières de saumon. Poursuivre avec un peu de fenouil et les lanières de saumon, puis le reste de fenouil. Mettre le reste d'aneth et terminer par le reste de purée de saumon. Couvrir et cuire dans le four au bain-marie pendant 45 min.

Terrine minute

Préparation : 15 min – Cuisson : 40 min
Pour 8 personnes

- 560 g de poisson blanc
- 1 tablette de court-bouillon dégraissé
- 450 g d'épinards surgelés
- 2 œufs
- sel, poivre

Cuire à couvert le poisson au court-bouillon pendant 10 min, à feu fort puis moyen.
Décongeler les épinards et les mixer avec le poisson égoutté. Saler et poivrer.
Séparer les blancs d'œufs des jaunes et monter les blancs en neige. Mixer les jaunes d'œufs avec le mélange poisson-épinards. Puis incorporer les blancs d'œufs délicatement. Mettre au four dans un moule à cake et cuire au bain-marie durant 30 min – th. 7.
Servir chaud ou froid.

Thon aux trois poivrons

Préparation: 20 min – Cuisson: 25 min
Pour 2 personnes

- 1 poivron rouge
- 1 poivron vert
- 1 poivron jaune
- 1 darne de thon de 700 g
- 1 ou 2 citrons
- 2 gousses d'ail
- sel, poivre blanc

Laver et épépiner les poivrons les couper en 2, les passer 5 min sous le gril du four, puis les mettre 10 min dans un sac en plastique pour faciliter l'épluchage. Ensuite, les couper en lanières et les faire revenir quelques minutes à feu moyen dans une poêle antiadhésive luisante (huilée puis essuyée au Sopalin) avec un peu d'eau au fond.

Assaisonner le thon et le faire cuire pendant 20 min à la vapeur. Mélanger le jus de citron, l'ail, et les poivrons.

Quand le thon est cuit, le laisser tiédir puis le mettre à mariner avec les poivrons au frais pendant 2 ou 3 h en retournant souvent le thon. Servir frais.

Timbale aux trois saumons

Préparation: 20 min – Cuisson: 10 min
Pour 2 personnes

- 4 petites darnes de saumon
- 2 tablettes de fumet de poisson
- 8 feuilles de gélatine
- 4 brins d'aneth
- 50 g d'œufs de saumon
- 1 tranche de saumon fumé

Placer au congélateur 4 coupes de bonne taille.
Faire cuire les darnes 5 min à la vapeur.

Porter 25 cl d'eau à ébullition avec les tablettes de fumet, et laisser réduire pendant 5 min à feu vif. Hors du feu, ajouter la gélatine préalablement ramollie à l'eau froide.

Dans chaque coupe, mettre un fond de gelée refroidie, 1 brin d'aneth, les œufs de saumon, les darnes sans arêtes et des lanières de saumon fumé. Verser le reste de gelée et réfrigérer durant 2 h.

Démouler, décorer d'œufs de saumon et servir avec un mesclun ou une salade d'herbes.

Tomates au thon et aux câpres

Préparation : 20 min – Sans cuisson
Pour 3 personnes

- 8 tomates
- 1 boîte de thon
- 100 g de fromage blanc 0 % MG
- 2 cuillers à soupe de câpres égouttées
- 2 cuillers à soupe ciboulette ciselée
- 1 cuiller à soupe de jus de citron
- 2 cuillers à soupe d'œufs de truite
- 4 pincées de paprika
- sel, poivre

Pour plus de finesse, peler les tomates après les avoir ébouillantées 30 s.

Sélectionner à l'horizontale le haut des tomates et conserver les chapeaux. Les évider, les saler à l'intérieur, les retourner sur du papier absorbant.

Mélanger le thon émietté, le fromage frais, les câpres, la ciboulette et le jus de citron. Poivrer et farcir les tomates. Garnir les tomates farcies avec des œufs de truite et le paprika. Les recouvrir de leur chapeau.

LES LÉGUMES
D'ACCOMPAGNEMENT

Asperges et sauce mousseline

Préparation : 20 min – Cuisson : 15 min
Pour 2 personnes

- 600 g d'asperges
- 1 bouillon cube de légumes
- 20 g de Maïzena®
- 30 cl de lait
- 2 œufs
- 2 citrons
- sel, poivre

🌶 Éplucher les asperges et les cuire dans de l'eau bouillante salée parfumée avec le bouillon, pendant 10 à 15 min, jusqu'à attendrissement des troncs d'asperge. Égoutter au terme de la cuisson.

Préparer la sauce mousseline au dernier moment. Commencer par délayer la Maïzena® dans le lait froid. Puis faire chauffer dans une petite casserole à feu doux jusqu'à obtention d'une sauce liée, sans cesser de remuer. Ajouter les jaunes d'œufs. Poursuivre la cuisson pendant 2 min. Saler, poivrer.

Presser les citrons. Verser le jus dans la sauce. Monter les blancs d'œuf en neige ferme et les incorporer délicatement au moment de servir.

Aubergines à l'indienne

Préparation : 20 min – Cuisson : 10 min
Pour 2 personnes

- 50 g de tomate
- 1 cuiller à soupe d'herbes de Provence
- 1 pointe de curry
- 1 pointe de paprika
- 1 pincée de coriandre
- 200 g d'aubergines
- 50 g de poivron rouge
- sel, poivre

Couper les tomates en petits dés. Les faire fondre à feu doux dans une poêle à revêtement antiadhésif. Saler, poivrer. Ajouter les fines herbes et les épices.

Couper les aubergines en tranches fines et émincer le poivron. Faire blanchir aubergines et poivron quelques minutes puis rafraîchir.

Dans un plat allant au four, mettre une couche d'aubergines cuites, une couche de poivrons. Napper avec la fondue de tomates. Enfourner pendant 10 min à 210 °C – th. 7.

Aubergines à l'ail et au persil

Préparation : 15 min – Cuisson : 35 min
Pour 2 personnes

- 200 à 250 g d'aubergines
- 1 gousse d'ail
- 2 belles tiges de persil
- sel, poivre

Enlever les pédoncules, laver et essuyer les aubergines, les couper en deux dans le sens de la longueur. Creuser les aubergines.

Hacher l'ail, le persil, la pulpe d'aubergines, saler, poivrer. Garnir les aubergines avec ce mélange. Enfermer chacune des moitiés d'aubergine dans une feuille de papier d'aluminium et enfourner pendant 30 à 35 min environ à 170 °C – th. 5-6.

Aubergines à la coriandre

Préparation : 30 min – Cuisson : 45 min
Pour 6 personnes

- 5 grosses aubergines
- 5 tomates
- 4 cuillers à soupe d'oignon émincé
- 1 cuiller à café de piment rouge en poudre
- 2,5 cuillers à café de coriandre ciselée
- sel, poivre

Dans du papier aluminium, mettre 3 aubergines et les faire cuire au four pendant 30 min à 200°C.

Dans une casserole d'eau salée, faire cuire à feu vif, pendant 10 min, les 2 aubergines restantes, coupées en 2 dans le sens de la longueur.

Peler et hacher les 3 premières aubergines.

Couper les tomates en rondelles. Dans une poêle, verser les aubergines hachées, les tomates et les oignons hachés, le piment, mélanger le tout. Saler et poivrer. Remuer de temps en temps pendant la cuisson à feu vif. Évider le centre des 2 aubergines coupées en 2, en laissant un bord de 1 cm sur le pourtour. Incorporer la préparation au piment. Saupoudrer de coriandre ciselée.

Servir chaud ou froid.

Aubergines à la provençale

Préparation : 15 min – Cuisson : 30 min
Pour 1 personne

- 1 aubergine
- 1 tomate
- 1 oignon moyen
- 1 gousse d'ail
- 2 brins de thym
- 1 cuiller à soupe de basilic haché
- sel, poivre

Laver et couper en cubes l'aubergine.
Laver et concasser la tomate. Émincer l'oignon et hacher l'ail. Faire suer l'oignon dans un peu d'eau jusqu'à ce qu'il devienne translucide. Ajouter l'aubergine et faire dorer à feu vif puis moyen. Ajouter la tomate, l'ail, le thym et le basilic.
Saler et poivrer.
Couvrir et laisser mijoter 30 min à feu doux.

Ballotins de champignons

Préparation : 20 min – Cuisson : 15 min
Pour 6 personnes

- 24 champignons de Paris
- 100 g de courgettes
- 2 échalotes
- 1 gousse d'ail
- 150 g de jambon blanc dégraissé
- 1 piment rouge émincé
- 1 pincée de chapelure
- 2 jaunes d'œufs
- 2 cuillers à soupe d'herbes ciselées (persil, basilic, cerfeuil, ciboulette)
- 6 feuilles de menthe
- 12 brins de ciboulette
- sel, poivre

Préchauffer le four à 210 °C – th. 7.
Nettoyer les champignons. Détacher les têtes et les mettre face bombée en haut, dans un plat. Enfourner durant 5 min.

Hacher les pieds de champignons.

Laver et détailler la courgette en petits dés. Les ébouillanter 2 min dans de l'eau salée.

Éplucher et couper les échalotes et l'ail. Les faire dorer avec 1 cuiller à soupe d'eau dans une poêle antiadhésive huilée. Ajouter les dés de courgette, le jambon coupé en lanières, le piment et le hachis de champignons. Faire cuire jusqu'à évaporation.

Hors du feu, ajouter 1 pincée de chapelure, les jaunes d'œufs, les herbes et la menthe ciselées. Saler, poivrer.

Remplir 12 chapeaux avec la farce. Recouvrir avec le reste des chapeaux, lier avec les brins de ciboulette. Enfourner pendant 10 min.

Blettes au tofu

Préparation : 20 min – Cuisson : 20 min
Pour 4 personnes

- 500 g de vert de blettes
- 400 g d'épinards
- 1/2 oignon
- 240 g de tofu
- 1 cuiller à café de sauce soja
- 1 cuiller à café de menthe
- sel, poivre

Laver les blettes et les épinards ; les égoutter et les couper. Dans une sauteuse antiadhésive, faire revenir un demi-oignon coupé menu jusqu'à blondir, puis faire revenir le tout en couvrant pendant 10 min.

Pendant ce temps, couper le tofu en petits dés. Le faire revenir à la poêle durant 5 min avec la sauce soja à feu très doux.

Saler, poivrer et poursuivre la cuisson 5 min.

Servir les légumes chauds avec le tofu et saupoudrer de menthe ciselée.

Bouillon de légumes d'Eugénie

Préparation : 15 min – Cuisson : 6 min
Pour 1 personne

- 50 g de carottes
- 50 g de champignons de Paris
- 25 g de céleri branche
- 25 g de blanc de poireaux
- 2 tomates moyennes
- 1,25 l de bouillon de volaille corsé dégraissé
- 1 botte de persil
- sel, poivre

Tailler en fine julienne les légumes lavés et épluchés. Couper les tomates en 4. Les épépiner et enlever l'eau de végétation, puis les hacher grossièrement en dés.
Porter à ébullition le bouillon, saler et poivrer. Plonger les légumes (sauf les tomates) dans le bouillon et laisser cuire 5 à 6 min à découvert (les légumes doivent rester un peu croquants). Enlever du feu, ajouter les dés de tomates et le persil finement ciselé.
Servir chaud.

Caviar d'aubergines

Préparation : 30 min – Cuisson : 15 min
Pour 4 personnes

- 6 aubergines fermes
- 2 gousses d'ail
- 1 citron
- 1 cuiller à soupe de vinaigre
- huile de paraffine
- sel, poivre

Laver et essuyer les aubergines. Les disposer sur la grille du four à 220 °C – th. 8, et laisser craqueler environ 15 min en les retournant de temps à autre.

Pendant ce temps, éplucher les gousses d'ail, les couper en 2, retirer le germe et les réduire en purée dans un mortier.

Presser le citron.

Sortir les aubergines du four, avec précaution, attendre 5 min pour qu'elles refroidissent un peu, les maintenir par la queue et retirer la peau. Écraser la chair des aubergines à la fourchette ou au mixeur, puis ajouter la purée d'ail, le jus de citron, le vinaigre, saler et poivrer abondamment. Ajouter de l'huile de paraffine, si besoin est, par cuillerée, en fouettant comme une mayonnaise. Servir bien frais.

Champignons à la grecque

Préparation : 20 min – Cuisson : 12 min
Pour 2 personnes

- 5 cuillers à café de jus de citron
- 2 feuilles de laurier
- 1 cuiller à café de grains de coriandre
- 1 cuiller à café de poivre
- 700 g de champignons de Paris
- 4 cuillers à café de persil plat haché
- sel

Verser 50 cl d'eau dans une casserole, avec le jus de citron, les feuilles de laurier, les grains de coriandre, le poivre. Saler. Porter à ébullition et laisser mijoter à couvert pendant 10 min à couvert.

Ôter la partie terreuse des pieds de champignons. Les laver rapidement, les égoutter et les couper en morceaux.

Ajouter les champignons dans la casserole, laisser reprendre l'ébullition, compter 2 min, puis éteindre

le feu. Mettre le persil. Mélanger délicatement. Laisser refroidir totalement dans le liquide de cuisson.
Égoutter les champignons, les mettre dans un plat et les arroser du jus de cuisson et ajouter quelques grains de coriandre.

Chips de tomates au paprika

Préparation : 10 min – Cuisson : 2 h
Pour 4 personnes

- 10 tomates
- 1 bonne pincée de paprika

Utiliser des tomates rondes et fermes. Les couper en rondelles de 2 mm d'épaisseur. Les déposer sur du papier cuisson et les saupoudrer de paprika doux.
Enfourner à 100 °C – th. 3-4 pendant 2 h.
Conserver au sec dans une boîte hermétique.

Chou blanc du Nord

Préparation : 25 min – Cuisson : 4 min
Pour 2 personnes

- 450 g de chou blanc coupé en lamelles
- 2 cuillers à soupe de sauce soja
- 1 cuiller à soupe de sauce teriyaki
- 1 gousse d'ail
- 1 cuiller à café de gingembre
- 1 oignon
- quelques brins de thym
- sel, poivre

Mélanger la sauce soja avec la sauce teriyaki, l'ail, le gingembre râpé et le poivre.
Laisser reposer au moins 5 min. Dans une poêle antiadhésive très chaude, mettre le chou, l'oignon en

lamelles, du sel (peu) et le thym. Faire revenir 3 à 4 min (le chou doit rester croquant) à feu vif, puis ajouter la sauce.

Poursuivre la cuisson jusqu'à évaporation presque totale de la sauce. Les légumes doivent rester croquants, donc il faut ajuster la quantité de sauce à la quantité de chou.

Chou-fleur vapeur

Préparation : 10 min – Cuisson : 15 min
Pour 2 personnes

- 400 g de chou-fleur
- 2 œufs durs
- 1 jus de citron
- 2 cuillers à café de persil haché
- 1 pincée de cumin
- sel, poivre

Faire cuire le chou-fleur à la vapeur pendant 15 min. Le déposer dans un plat et le recouvrir avec les œufs durs passés à la moulinette.

Assaisonner avec le jus de citron, le persil, le cumin, le sel et le poivre.

Cocktail Garden-party

Préparation : 10 min – Sans cuisson
Pour 1 personne

- 50 g de carottes
- 30 g de céleri
- 150 g de tomates
- 1 jus de citron
- 5 cl d'eau

Passer les ingrédients lavés et épluchés à la centrifugeuse.

Servir très frais.

Cocktail vitalité

Préparation : 15 min – Sans cuisson
Pour 2 personnes

- 300 g de carottes
- 100 g de céleri-rave
- 40 cl d'eau
- 25 g d'aneth
- 5 g de sel

🥔 Laver les carottes et peler le céleri. Couper les légumes en petits morceaux.
Mixer dans le robot avec l'eau, l'aneth et le sel, jusqu'à obtention d'un mélange homogène (45 s environ).
Servir très frais.

Courgettes à la mode paysanne

Préparation : 10 min – Cuisson : 20 min
Pour 2 personnes

- 250 g de courgette
- 100 g de fromage blanc 0 % MG
- 1 cuiller à café d'herbes de Provence
- quelques brins de persil haché
- sel, poivre

🥔 Peler, épépiner, émincer et faire cuire les courgettes à la vapeur.
Dresser dans un plat allant au four en nappant avec la sauce obtenue en mélangeant le fromage blanc et les herbes de Provence. Saler et poivrer.
Enfourner à 210 °C – th. 7, pendant quelques minutes. Saupoudrer de persil au moment de servir.

Courgettes au coulis de tomates

Préparation : 10 min – Cuisson : 40 min
Pour 2 personnes

- 2 courgettes
- 4 tomates
- 1 cuiller à café d'herbes
  de Provence
- 1 gousse d'ail
- sel, poivre

Couper les courgettes en cubes et les mettre dans une cocotte. Ajouter les tomates pelées et épépinées, et les herbes. Laisser cuire à feu doux et à couvert durant 35 à 40 min.
À la fin de la cuisson, incorporer l'ail pressé. Saler et poivrer.

Crème de chou-fleur safranée

Préparation : 20 min – Cuisson : 55 min
Pour 4 personnes

- 500 g de chou-fleur
- 75 cl de lait écrémé
- 2 gousses d'ail
- 1 pincée de noix de
  muscade
- 1 pincée de safran
- 1 petit bouquet de
  cerfeuil
- sel, poivre

Blanchir les bouquets de chou-fleur 5 min dans une casserole d'eau bouillante salée. Rafraîchir le chou-fleur puis l'égoutter.
Porter le lait à ébullition et y plonger les bouquets de chou-fleur et les gousses d'ail pelées. Laisser cuire doucement, à couvert, pendant 45 min.
Mixer la totalité pour avoir une crème onctueuse (on peut aussi passer au moulin à légumes grille fine),

reverser dans la casserole, ajouter la muscade et le safran.

Faire cuire cette crème durant 5 min à feu doux.

Verser dans une soupière chaude, saler, poivrer. Répartir les pluches de cerfeuil. Servir aussitôt.

Curry de concombre

Préparation : 20 min – Cuisson : 22 min
Pour 4 personnes

- 2 concombres moyens
- 1 petit piment
- 1 petite cuiller à soupe de curry
- 4 petites tomates
- 10 cl lait écrémé
- 1 cuiller à café Maïzena®
- sel

Couper les concombres en 2 dans le sens de la longueur, puis couper les deux moitiés en tronçons de 1 cm.

Dans une casserole antiadhésive, faire revenir le piment haché avec le curry, ajouter le concombre et laisser cuire à feu doux pendant 10 min. Ajouter les tomates coupées grossièrement en quartiers, prolonger la cuisson pendant 10 min.

Dans un bol, mélanger le lait avec la Maïzena®, les verser sur les légumes et laisser cuire 1 ou 2 min pour que la sauce épaississe. Servir chaud.

Épinards tricolores

Préparation : 10 min – Cuisson : 10 min
Pour 2 personnes

- 400 g d'épinards surgelés
- 3 tomates
- 2 poivrons
- quelques brins de thym
- 1 feuille de laurier
- sel, poivre

Préparer les épinards comme indiqué sur le mode d'emploi.

Dans une cocotte, mettre les tomates coupées en petits morceaux, les poivrons détaillés en lamelles, le thym, le laurier, et 1 verre d'eau.

Saler et poivrer. Laisser cuire 10 min à feu doux à couvert, ajouter les épinards, laisser réchauffer et servir bien chaud.

Estrasses d'aubergines

Préparation : 20 min – Cuisson : 1 h
Pour 4 personnes

- 600 g d'aubergines
- 2 oignons
- 1 kg de tomates
- 2 gousses d'ail
- sel, poivre

Éplucher les aubergines, les couper en tranches d'1 cm d'épaisseur dans le sens de la longueur.

Dans un poêlon légèrement huilé, faire dorer les oignons émincés à feu moyen.

Monder les tomates, les couper en morceaux, les ajouter aux oignons avec les gousses d'ail épluchées et écrasées. Saler et poivrer. Laisser cuire 30 min à feu moyen et à couvert, puis passer en purée, et remettre dans le poêlon.

Mettre les aubergines dans la purée de tomates. Laisser mijoter à couvert, tout doucement, pendant encore 30 min. Rectifier l'assaisonnement.

Mousse d'aubergines

Préparation : 40 min – Cuisson : 30 min
Pour 2 personnes
- 500 g d'aubergines
- 2 poivrons rouges
- 2 gousses d'ail
- 2,5 cuillers à soupe de gélatine en poudre
- 2 cuillers à soupe de vinaigre de xérès
- 2 yaourts 0 % MG
- sel, poivre

Faire cuire les aubergines et les poivrons au four pendant 30 min, selon leur grosseur à 200 °C – th. 7.
Peler et dégermer l'ail puis le passer au presse-ail.
Faire dissoudre la gélatine dans le vinaigre de xérès dans une petite casserole pendant 5 min. Ensuite, chauffer à feu doux sans cesser de remuer.
Peler les poivrons, ôter le pédoncule et les graines.
Couper les aubergines en deux et retirer la pulpe avec une cuiller.
Mélanger l'ail, la chair des aubergines et des poivrons dans un mixeur. Réduire en purée. Ajouter la gélatine fondue et les yaourts. Saler et poivrer. Mélanger. Verser cette préparation dans une petite terrine, et laisser prendre 6 h au réfrigérateur.

Mousse de concombre

Préparation : 25 min – Sans cuisson
Pour 2 personnes

- 4 feuilles de gélatine
- 2 concombres
- 1 citron
- 1 oignon frais
- 400 g de fromage blanc 0 % MG
- 10 cl de lait écrémé
- quelques brins de persil et d'estragon
- sel, poivre

Faire tremper les feuilles de gélatine dans un bol d'eau froide.

Peler les concombres. Les couper en tranches et saupoudrer de sel. Laisser égoutter 1 h, puis rincer sous l'eau froide et éponger.

Chauffer le lait à feu doux et y ajouter la gélatine égouttée.

Mixer les concombres. Incorporer le fromage blanc, le lait à la gélatine, le zeste râpé et le jus du citron, l'oignon haché, le persil et l'estragon ciselés. Saler et poivrer.

Remplir un moule à cake antiadhésif (sinon tapisser le moule avec du film alimentaire) et laisser au frais pendant 12 h environ.

Mousse de poivrons

Préparation : 10 min – Cuisson : 15 min
Pour 4 personnes

- 1 poivron jaune
- 1 poivron rouge
- 2 cuillers à soupe d'édulcorant de cuisson
- 120 g de jambon blanc dégraissé
- 200 g de fromage blanc 0 % MG
- quelques brins de persil
- sel, poivre

Éplucher les poivrons. Les couper en morceaux dans le sens de la longueur et les épépiner. Les mettre dans une casserole d'eau froide avec l'édulcorant. Saler et poivrer. Porter à ébullition et laisser cuire 10 min. Égoutter, réserver 4 morceaux et les couper en fines lanières pour le décor.

Mixer le reste des poivrons avec le jambon. Sécher cette purée sur feu doux pendant 5 min. Verser la purée dans un saladier et la laisser refroidir.

Avant de servir, incorporer le fromage blanc à la purée de poivrons et la décorer avec les lanières détaillées. Saupoudrer de persil.

Potage acidulé

Préparation : 15 min – Sans cuisson
Pour 2 personnes

- 600 g de tomates
- 200 g de carottes
- 1 branche de céleri avec ses feuilles
- 1 citron
- quelques gouttes de Tabasco®
- sel, poivre

Couper les tomates, les carottes, la branche de céleri en tronçons de 2 cm.

Laver le citron, peler à demi, et le couper en petits cubes.

Mettre tous les ingrédients dans le mixeur, saler, poivrer et ajouter le Tabasco®.

Laisser glacer 1 h au frais.

Potage au fenouil

Préparation : 20 min – Cuisson : 40 min
Pour 1 personne

- 3 bulbes de fenouil
- 1 l de bouillon de poule dégraissé
- 50 cl d'eau
- 4 tomates bien mûres
- 3 échalotes
- 2 gousses d'ail
- quelques brins de thym
- 1 petite branche de laurier
- 50 g de fromage blanc 0 % MG
- quelques brins de persil haché
- sel, poivre

Nettoyer et couper en fines lamelles les bulbes de fenouil. Les cuire à feu moyen dans le bouillon et l'eau pendant une vingtaine de minutes à couvert.

D'autre part, peler et épépiner les tomates, peler les échalotes et l'ail.

Passer le tout à cru au mixeur.

Ajouter ce mélange au potage avec le thym, le laurier et l'assaisonnement.

Continuer la cuisson pendant 30 min. Ajouter le fromage blanc et le persil haché au moment de servir.

Potage aux endives

Préparation : 15 min – Cuisson : 15 min
Pour 4 personnes

- 800 g d'endives
- 1 l de bouillon de viande dégraissé
- 1 oignon
- 100 g de jambon de poulet fumé

Hacher les endives et les faire cuire pendant 10 min à feu moyen dans le bouillon.

À part, faire revenir doucement l'oignon épluché et haché et le jambon fumé coupé en dés.

Dès que les endives sont cuites, verser l'oignon et le jambon dans le bouillon.

Cuire pendant quelques minutes à feu moyen.

Potage d'aubergine au curry rouge

Préparation : 20 min – Cuisson : 45 min
Pour 1 personne

- 1 aubergine
- 1 oignon rouge haché
- 1 piment émincé
- 1 cuiller à soupe poudre de curry
- 1/2 cuiller à café de cannelle en poudre
- 1/4 de clou de girofle moulu
- 250 g de tomates concassées
- 75 cl de bouillon de légumes
- sel, poivre

Ôter les extrémités de l'aubergine et la couper en tranches de 2,5 cm d'épaisseur.

Dans une grande casserole, légèrement huilée, faire revenir à feu moyen pendant 3 min l'oignon, ajouter le piment, la poudre de curry, la cannelle et le clou

de girofle. Saler. Faire revenir encore 2 min. Ajouter alors l'aubergine, les tomates et le bouillon. Laisser mijoter 40 min, la casserole couverte à moitié.
Réserver et laisser refroidir.
Mouliner la soupe et la réchauffer doucement. Rectifier l'assaisonnement.

Potage de navets au curry

Préparation : 20 min – Cuisson : 45 min
Pour 2 personnes

- 1 kg de navets
- 1 oignon espagnol
- 4 gousses d'ail
- 1 pincée de curry en poudre
- 90 cl de bouillon de poulet dégraissé
- quelques gouttes de Tabasco®
- 1/2 citron

- 200 g de yaourt 0 % MG
- 70 g de fines tranches de jambon dégraissé
- 2 branches de persil (ou de ciboulette) finement ciselé
- 1 pincée de noix de muscade
- sel, poivre

Peler et enlever la partie centrale assez dure des navets. Peler l'oignon et le hacher grossièrement. Peler les gousses d'ail et les émincer.

Faire suer l'oignon et l'ail dans une cocotte en fonte à feu moyen. Couvrir et laisser cuire pendant 5 min, puis ajouter les navets.

Mélanger, couvrir et laisser cuire 10 min en surveillant. Incorporer la poudre de curry, bien mélanger et verser le bouillon. Laisser mijoter environ 30 min à petite ébullition.

Passer au mixeur : ce potage doit être très fin et rectifier l'assaisonnement. Ajouter quelques gouttes de Tabasco® et le jus du demi-citron.

Réchauffer et incorporer 150 g de yaourt.

Pendant ce temps, faire frire dans son jus le jambon à la poêle, l'égoutter sur un papier absorbant et l'émietter entre vos doigts.

Servir le potage avec un peu de yaourt, saupoudrer de bacon, de persil et de noix de muscade.

Purée d'aubergine ou de courgette

Préparation : 10 min – Cuisson : 20 min
Pour 1 personne

- 1 tomate
- 1 courgette
  (ou 1 aubergine)

- 1 cuiller à café d'herbes de Provence
- 1 gousse d'ail haché

Peler et couper la tomate et la courgette (ou l'aubergine) en dés. Faire cuire 20 min à la vapeur. Passer le tout au mixeur.

Ajouter des herbes de Provence et de l'ail.

Réserver au réfrigérateur pendant 1 h et déguster froid.

Salade d'aubergines

Préparation : 15 min – Cuisson : 20 min
Pour 2 personnes

- 2 belles aubergines
- 1 cuiller à café de vinaigre
- 3 cuillers à soupe d'huile de paraffine
- 1 gousse d'ail
- 4 cives
- 1 échalote
- 2 tiges de persil
- sel, poivre

Éplucher et couper en gros morceaux les aubergines et les faire cuire à feu dense et à l'eau salée pendant 20 min environ. Baisser le feu et poursuivre la cuisson pendant 20 min environ. Les laisser refroidir et les écraser à la fourchette.

Les faire macérer dans une vinaigrette bien relevée avec l'ail pilé, les cives et l'échalote finement émincés. Saupoudrer le tout de hachis de persil et servir très frais.

Salade de persil

Préparation : 10 min – Sans cuisson
Pour 2 personnes

- 1 très gros bouquet de persil plat
- 1 oignon moyen
- 1,5 citron
- sel

Laver le persil. L'essuyer avec une feuille de papier absorbant.

Couper les tiges et les jeter. Éplucher l'oignon, le hacher.

Dans un bol, mettre le persil et l'oignon haché.

Ajouter la pulpe d'un citron et le jus d'un demi-citron.

Saler et mélanger. Servir frais.
Idéal pour accompagner les grillades.

Salade du berger

Préparation : 15 min – Sans cuisson
Pour 2 personnes

- 4 tomates
- 2 petits concombres
- 2 oignons
- 2 piments doux
- quelques feuilles
  de menthe

- 3 brins de persil plat
- 1/2 jus de citron
- 4 cuillers à soupe d'huile
  de paraffine
- sel, poivre

Couper les tomates et les concombres en petits dés dans un saladier.
Couper finement les oignons en rondelles, hacher finement les piments (en ôtant les graines), ciseler la menthe et le persil, et ajouter le tout dans le saladier. Assaisonner avec le citron, l'huile, le sel et le poivre.

Soupe à la carotte, fenouil et thym

Préparation : 20 min – Cuisson : 25 min
Pour 3 personnes

- 350 g d'oignon
- 350 g de poireau
- 2 gousses d'ail émincées
- 1/4 cuiller à café de
  graines de fenouil
- 1/2 cuiller à café de thym

- 4 carottes moyennes
  coupées en dés
- 1 bulbe de fenouil coupé
  en dés
- 1 l de bouillon de poulet
  dégraissé
- sel, poivre

🌰 Faire revenir à feu moyen dans une poêle huilée l'oignon, le poireau, l'ail, les graines de fenouil et le thym jusqu'à ce que le mélange soit aromatique.

Ajouter les carottes et le fenouil, et laisser cuire pendant quelques minutes.

Ajouter le bouillon, assaisonner avec le sel et le poivre. Poursuivre la cuisson jusqu'à ce que la carotte et le fenouil soient tendres. Si le bouillon a trop diminué, ajouter de l'eau.

Lors du service, déposer quelques fanes de fenouil hachées dans chaque bol de soupe.

Soupe au citron à la grecque

Préparation : 10 min – Cuisson : 10 min
Pour 2 personnes

- 1 l d'eau
- 2 bouillons cubes de volaille dégraissés
- 1 pincée de safran
- 2 carottes
- 2 courgettes
- 2 jaunes d'œufs
- 1 citron

🌰 Porter à ébullition l'eau avec les cubes de bouillon de volaille et du safran.

Pendant ce temps, râper grossièrement et séparément les carottes et les courgettes. Mettre les carottes dans le bouillon, laisser bouillir 5 min. Ajouter les courgettes, et laisser bouillir pendant 3 min. Ajouter 1 ou 2 jaunes d'œufs, le jus de citron et le zeste râpé. Maintenir à feu moyen pour ne plus laisser bouillir.

Soupe au concombre

Préparation : 15 min – Sans cuisson
Pour 1 personne

- 1 poivron rouge
- 1 poivron vert
- 4 tomates
- 2 concombres
- 1 branchette de menthe fraîche
- sel, poivre

Laver, éplucher, couper et épépiner les poivrons, tomates et les concombres.

Mixer le tout avec la menthe.

Assaisonner selon votre goût et servir bien frais.

Soupe au fenouil

Préparation : 15 min – Cuisson : 30 min
Pour 1 personne

- 1 petit fenouil
- 2 tomates
- 1 courgette
- 1 pincée de thym
- 1 petite branche de laurier
- sel, poivre
- 2 cuillers à soupe de fromage blanc 0 % MG

Couper le fenouil en 4 dans le sens de la hauteur et les faire blanchir en cocotte dans 1/2 l d'eau bouillante salée. Préparer tomates et courgettes en gros morceaux et les incorporer dans le bouillon avec le fenouil et les aromates.

Laisser cuire le tout 15 min à feu moyen couvert jusqu'à ce que les légumes soient tendres.

Retirer le laurier et mixer. Saler, poivrer selon le goût.

Ajouter un peu de fromage blanc pour lier la soupe.

Soupe de concombre

Préparation : 10 min – Sans cuisson
Pour 1 personne

- 1/2 concombre
- 1 gousse d'ail
- 1 cuiller à soupe de pulpe de tomate
- quelques gouttes de Tabasco®
- 1 cuiller à soupe de fromage blanc 0 % MG
- glaçons
- sel, poivre

Peler le concombre et le mixer avec du sel, du poivre et l'ail.

Ajouter la pulpe de tomate, le Tabasco® selon votre goût, le fromage blanc et les glaçons.

Servir très frais.

Soupe glacée à la tomate

Préparation : 20 min – Sans cuisson
Pour 4 personnes

- 1 kg de tomates
- 1 oignon
- 1 gousse d'ail
- 3 branches de persil
- 1 branche de basilic
- 1 brin de sarriette
- 1 brin de thym
- sel, poivre

Laver, épépiner et couper les tomates en 4. Peler et tailler en 4 l'oignon. Peler l'ail.

Réduire les tomates en une fine purée, avec le persil, le basilic, l'oignon et la gousse d'ail. Émietter le thym et la sarriette. Les incorporer à la purée de tomates. Saler et poivrer.

Verser la soupe dans une soupière et la mettre au réfrigérateur.

Servir frais.

Tajine de courgettes

Préparation : 10 min – Cuisson : 40 min
Pour 2 personnes

- 2 gousses d'ail
- 1 cuiller à café de cumin en poudre
- 1 cuiller à café de coriandre en poudre
- 1 cuiller à café de raz-el-hanout (ou de garam massala) en poudre
- 50 cl d'eau

- 1 bouillon cube de poulet dégraissé
- 2 cuillers à soupe de concentré de tomates
- 4 courgettes

Pour le service :
- 1 citron
- 1 bouquet de pluches de coriandre

Faire revenir doucement quelques minutes dans le fond d'une marmite luisante (huilée puis essuyée au Sopalin) l'ail écrasé et les épices.

Ajouter l'eau et le bouillon cube, le concentré de tomates, les courgettes coupées en tronçons.

Cuire pendant 35 min à feu moyen et à couvert puis servir arrosé de jus de citron avec des pluches de coriandre, si possible dans un plat à tajine.

Tatziki

Préparation : 10 min – Sans cuisson
Pour 1 personne

- 1/2 concombre
- 1 gousse d'ail émincée finement

- 2 pots de yaourt 0 % MG
- sel

Saupoudrer le concombre pelé, épépiné et émincé très finement, d'une bonne pincée de sel de mer et laisser dégorger quelques minutes.

Mélanger ensuite tous les ingrédients ensemble et mettre au réfrigérateur pendant plusieurs heures. Servir très frais.

Terrine d'aubergines

Préparation : 25 min – Cuisson : 1 h
Pour 4 personnes

- 2 aubergines
- 100 g de lardons de poulet (ou de dinde)
- 3 branches de céleri
- 1 gousse d'ail
- 3 branches de persil haché
- 3 tomates

Couper les aubergines en tranches, les mettre à dégorger au sel.

Faire rissoler les lardons à la poêle. Réserver. Conserver le jus pour les légumes.

Détailler les branches de céleri et les faire revenir dans la poêle à feu doux.

Mélanger lardons et céleri.

Dans une terrine allant au four : déposer une couche de tranches d'aubergines, puis le mélange céleri et lardons, du persil et l'ail haché, les tomates en tranches, et pour finir les tranches d'aubergines restantes. Enfourner pendant 1 h à 180 °C – th. 6.

Terrine de poireaux

Préparation : 30 min – Cuisson : 30 min
Pour 6 personnes
- 2 kg de jeunes poireaux
- 4 tomates
- 1 cuiller à soupe de vinaigre de vin
- 2 cuillers à soupe de fines herbes ciselées
- sel, poivre

Nettoyer les poireaux, couper le vert de façon à ce qu'ils soient de la longueur de la terrine. Les ficeler par petites bottes, et les faire cuire à l'eau bouillante salée durant 20 à 30 min. Égoutter dans une passoire. Les presser pour éliminer le maximum d'eau de cuisson.

Tapisser une terrine de film alimentaire percé de quelques trous (pour que l'eau s'écoule). Tasser les poireaux bien rangés dans la terrine. Mettre au frais pendant quelques heures, en éliminant l'eau régulièrement.

Le jour même, ébouillanter et peler les tomates. Mixer la chair des tomates avec le vinaigre et les fines herbes de façon à faire une sauce. Saler et poivrer.

Démouler la terrine et servir avec la sauce.

Terrine jardinière

Préparation : 15 min – Cuisson : 15 min
Pour 4 personnes
- 900 g de carottes
- 500 g de poireaux
- 5 œufs battus
- 125 g de fromage blanc 0 % MG
- 100 g de jambon dégraissé haché
- sel, poivre

Râper les carottes et mixer les poireaux préalablement cuits à la vapeur.

Mélanger les œufs battus, le fromage blanc, le sel, le
poivre.

Ajouter les légumes, mêler bien et verser dans un plat
rectangulaire

Faire cuire à couvert dans le four, préchauffé à 190 °C
– th. 6-7, en surveillant.

Tian provençal

Préparation : 10 min – Cuisson : 55 min
Pour 6 personnes

- 5 tomates
- 1 courgette
- 2 aubergines
- 500 g de poivrons rouges
- 2 poivrons verts
- 8 gousses d'ail
- 1 pincée de thym
- 1 pincée de sarriette
- 5 feuilles de basilic
- sel, poivre

Préchauffer le four à 220 °C – th. 7.

Laver les tomates, la courgette et les aubergines, les
essuyer et les couper en rondelles. Laver, essuyer et
couper les poivrons, ôter le trognon puis épépiner
soigneusement.

Dans un plat à four, disposer tout autour, en alternant, les rondelles de tomates, d'aubergine et de courgette. Au centre, déposer les poivrons et les gousses
d'ail en chemise.

Parsemer de thym, de sarriette et de feuilles de basilic ciselées, saler et poivrer.

Enfourner et laisser cuire 55 min en arrosant d'un
verre d'eau à mi-cuisson pour éviter le dessèchement
des légumes.

Tomates salsa

Préparation : 20 min – Cuisson : 8 min
Pour 2 personnes

- 4 tomates bien mûres
- 1 oignon rouge (ou blanc) coupé en 8
- 2 gousses d'ail écrasées
- 5 piments jalapenos
- 1,5 cl de jus de citron
- quelques pluches de coriandre
- 1 pincée de sel

Blanchir les tomates à l'eau bouillante pendant 30 s. Les peler et les épépiner au-dessus d'un bol. Hacher grossièrement et mettre dans le bol du robot culinaire. Ajouter les quartiers d'oignon, l'ail et le sel. Enlever le pédoncule des jalapines et les couper en deux. Les évider et garder plus ou moins de graines – pour avoir une sauce plus ou moins piquante. Hacher grossièrement les piments et les mettre dans le bol du robot culinaire avec la quantité de graines désirée. Mixer jusqu'à ce que la sauce ait la consistance voulue.

Verser la sauce dans une casserole, et la faire cuire à feu moyen jusqu'à ce qu'elle se couvre d'une mousse rose, ce qui devrait prendre de 6 à 8 min.

Retirer du feu et laisser refroidir au moins 10 min. Ajouter le jus de citron et la coriandre.

Velouté de courgettes

Préparation : 10 min – Cuisson : 30 min
Pour 1 personne

- 35 cl d'eau
- 1 bouillon cube de volaille dégraissé
- 3 ou 4 courgettes
- 1 carré frais Gervais™ 0 % MG

Mettre l'eau dans une casserole avec le cube, le dissoudre, puis y mettre les courgettes râpées avec la peau. Faire cuire à couvert à feu moyen, pendant 30 min en remuant.

Hors du feu, ajouter le carré frais, rectifier l'assaisonnement et mélanger avant de mixer le tout.

Velouté glacé aux courgettes

Préparation : 7 min – Cuisson : 8 min
Pour 1 personne

- 2 courgettes moyennes
- 2 cubes de bouillon de volaille dégraissé
- 2 yaourts 0 % MG
- 6 feuilles de basilic frais haché
- sel, poivre

Tailler les courgettes non épluchées en rondelles. Les plonger dans un poêlon d'eau bouillante salée et laisser mijoter 8 min.

Pendant ce temps, porter 20 cl d'eau à ébullition avec les cubes de bouillon. Retirer du feu et réserver. Égoutter et rincer les courgettes et les mixer avec le bouillon. Ajouter 40 cl d'eau glacée, puis les yaourts. Mélanger et rectifier l'assaisonnement. Mettre au frais jusqu'au moment du service.

Proposer le potage bien frais en y ajoutant des glaçons et saupoudrer de basilic frais haché.

LES DESSERTS

Gâteau aux herbes de printemps

Préparation : 10 min – Cuisson : 30 min
Pour 2 personnes

- 50 g d'oseille
- 50 g de basilic frais
- 50 g de pissenlit
- 500 g de faisselle 0 % MG
- 1 cuiller à soupe de lait écrémé
- 2 œufs
- 1 pincée de cannelle

Laver et sécher les herbes, les hacher finement. Dans un saladier, battre la faisselle égouttée, le lait écrémé et les œufs jusqu'à obtention d'une crème à peu près lisse. Ajouter les herbes, la cannelle, du sel et du poivre. Répartir la préparation dans un moule à gâteau ou une terrine.
Enfourner durant 30 min à 180 °C – th. 6. Déguster chaud ou tiède.

Œufs à la neige

Préparation : 20 min – Cuisson : 10 min
Pour 2 personnes

- 25 cl de lait écrémé
- 2 œufs
- 1 cuiller à soupe d'édulcorant de cuisson type Hermesetas®

Porter le lait à ébullition.
Battre les jaunes d'œufs et y ajouter l'édulcorant. Incorporer petit à petit le lait bouillant. Reverser dans la casserole et chauffer à feu doux sans cesser de remuer avec une cuiller en bois et en grattant bien le fond. Dès que la crème prend, retirer la casserole du feu. Ne pas faire bouillir, car la crème tournerait.

Ensuite, monter les blancs en neige ferme. Avec une cuiller à soupe, déposer des boules de blancs d'œufs dans une casserole d'eau bouillante. Dès que les blancs sont gonflés, les sortir avec une écumoire et les laisser égoutter sur un linge.

Lorsque la crème anglaise est complètement refroidie, y déposer les blancs et servir.

Œufs au lait

Préparation : 10 min – Cuisson : 40 min
Pour 2 personnes

- 50 cl de lait écrémé
- 60 g d'édulcorant de cuisson type Hermesetas®
- 1 gousse de vanille
- 4 œufs

Faire bouillir le lait avec l'édulcorant et la vanille préalablement coupée en deux et égrainée.

Battre les œufs en omelette dans un saladier.

Ôter la vanille du lait, et verser peu à peu le lait chaud sur les œufs battus, en remuant sans arrêt.

Transvaser la préparation dans un plat allant au four et cuire pendant 40 min au bain-marie, dans le four préchauffé à 220 °C – th. 7.

Servir froid.

LES SAUCES

Sauce à l'échalote

Préparation : 10 min – Cuisson : 10 min
Pour 10 portions

- 12 échalotes
- 12 cl de vinaigre
- 13 cuillers à soupe de lait écrémé
- 1 jaune d'œuf
- sel, poivre

☞ Éplucher et hacher les échalotes et les mettre dans une casserole avec le vinaigre. Faire bouillir pendant 10 min.

Ajouter hors du feu, le lait, l'œuf battu en remuant vivement, puis assaisonner.

Servir immédiatement.

Sauce à l'oignon

Préparation : 10 min – Cuisson : 2 min
Pour 10 portions

- 1 gros oignon
- 12,5 cl de bouillon de légumes
- 1 jaune d'œuf
- 1 petit suisse à 0 % MG
- 1 cuiller à soupe de vinaigre
- 1 cuiller à café de moutarde
- sel, poivre

☞ Hacher finement l'oignon épluché.

Dans une casserole, faire revenir l'oignon et le bouillon pendant 2 min à feu moyen.

Dans un récipient, mélanger le jaune d'œuf, le petit suisse, le vinaigre, la moutarde, le sel et le poivre.

Ajouter progressivement le bouillon refroidi, en mélangeant bien.

Servir frais.

Sauce au fromage blanc

Préparation : 10 min – Sans cuisson
Pour 2 portions

- 100 g de fromage blanc
  0 % MG
- 1/2 citron
- 2 petits oignons frais
- 1/2 bulbe de fenouil
- 1 cuiller à café de basilic
  haché (ou du persil)
- sel, poivre

Mélanger le fromage blanc avec le jus du citron. Saler et poivrer.

Ajouter 2 petits oignons frais épluchée et hachés menu, le bulbe de fenouil finement émincé et le basilic haché.

Mélanger bien le tout et mettre au frais jusqu'au moment de servir.

Sauce au poivron

Préparation : 15 min – Sans cuisson
Pour 2 portions

- 1 poivron rouge
- 1 gousse d'ail
- 1/2 oignon
- 1 petit piment
- 1 citron
- quelques gouttes de
  Tabasco®
- sel, poivre

Laver le poivron en enlevant les pépins, puis le couper en fines lamelles.

Éplucher l'ail et l'oignon, puis les hacher.

Laver le piment et couper en petits morceaux.

Presser le citron.

Mélanger bien tous ces ingrédients, saler, puis ajouter quelques gouttes de Tabasco®.

Laisser reposer une bonne heure avant de servir.

Sauce au safran

Préparation : 2 min – Sans cuisson
Pour 2 portions

- 1 cuiller à café
  de Maïzena®
- 1 louche de bouillon de
  poisson

- 1 dose de safran
- sel, poivre

☞ Délayer la Maïzena® dans le bouillon de poisson à température ambiante, puis ajouter le safran. Saler et poivrer.

Sauce aux câpres

Préparation : 10 min – Cuisson : 15 min
Pour 5 portions

- 2 cuillers à soupe de
  concentré de tomates
- 4 cuillers à soupe de lait
  écrémé

- 7 petits cornichons
- 12 câpres
- sel et poivre

☞ Mélanger le concentré de tomates et le lait.
Ajouter 10 cl d'eau et les cornichons hachés.
Faire bouillir pendant 15 min, puis ajouter le sel, le poivre et les câpres.
Servir tout de suite.

Sauce aux épinards

Préparation : 10 min – Sans cuisson
Pour 4 portions

- 100 g d'épinards
- 2 cuillers à soupe de yaourt 0 % MG
- 20 cl de bouillon de volaille dégraissé
- 1 pincée de noix de muscade râpée
- sel

☞ Laver les épinards et les faire blanchir à l'eau bouillante salée. Les égoutter et les passer au mixeur.

Ajouter le yaourt, puis incorporer le bouillon de volaille.

Faire chauffer durant 1 min à feu vif.

Ajouter sel et noix de muscade râpée.

Sauce aux fines herbes

Préparation : 15 min – Cuisson : 2 min
Pour 2 portions

- 3 branches de persil
- 3 pincées d'estragon
- 4 tiges de ciboulette
- 2 gousses d'ail
- 2 échalotes
- 2 cuillers à café de Maïzena®
- 2 cuillers à soupe de fromage blanc 0 % MG
- sel, poivre

☞ Hacher finement les fines herbes, l'ail et l'échalote. Diluer la Maïzena® dans 10 cl d'eau et l'incorporer avec l'ail et l'échalote au fromage blanc.

Faire chauffer à feu doux pendant 2 min et, au dernier moment, ajouter les fines herbes. Saler et poivrer.

Sauce béchamel

Préparation : 6 min – Cuisson : 4 à 5 min
Pour 4 portions

- 40 g de Maïzena®
- 50 cl de lait écrémé
- 1 pincée de noix de muscade
- sel, poivre

☙ Délayer avec un fouet, petit à petit, dans une casserole, la Maïzena® dans le lait froid.
Chauffer à feu doux et faire épaissir tout en remuant avec une spatule.
Assaisonner de sel, de poivre et de muscade.

Sauce blanche

Préparation : 15 min – Cuisson : 3 min
Pour 3 portions

- 25 cl de bouillon de volaille
- 2 cuillers à soupe de lait écrémé
- 1 cuiller à soupe de Maïzena®
- 1 pincée de noix de muscade
- sel, poivre

☙ Mélanger à froid le bouillon et le lait, délayer la Maïzena®, peu à peu dans le liquide.
Mettre à feu doux jusqu'à épaississement du mélange en remuant lentement à la spatule de bois. Puis retirer du feu, saler et poivrer.
Ajouter la noix de muscade râpée.

Sauce chinoise

Préparation : 15 min – Sans cuisson
Pour 2 portions

- 1 oignon
- 1 cuiller à café
  de vinaigre d'alcool
- 1 cuiller à café
  de moutarde
- 1 pincée de gingembre
  haché
- 1 citron
- sel, poivre

Hacher finement l'oignon. Mélanger ensemble le vinaigre, la moutarde et le gingembre en poudre. Ajouter en tournant à la cuiller le jus de citron et l'oignon.
Saler, poivrer.

Sauce ciboulette-limette

Préparation : 10 min – Cuisson : 5 min
Pour 4 portions

- 12,5 cl de lait écrémé
- 90 g de crème fraîche
  5 % MG
- 4 cuillers à café
  de Maïzena®
- 1 bouquet de ciboulette
- 1 citron vert
- 1 cuiller à soupe de
  grains de poivre
- sel

Chauffer le lait et la crème fraîche dans une casserole et lisser à la cuiller. Saler. Incorporer la fécule et porter à ébullition.
Ciseler la ciboulette, la mélanger avec le jus du citron, le sel et le poivre en grains.

Sauce citron

Préparation : 10 min – Sans cuisson
Pour 4 portions

- 1/2 citron
- 1 yaourt 0 % MG
- 1 bouquet de ciboulette
- sel, poivre

✑ Prélever le jus d'un demi-citron et le mélanger au yaourt.
Ciseler finement la ciboulette, l'ajouter au mélange.
Saler et poivrer.

Sauce curry

Préparation : 10 min – Cuisson : sans
Pour 4 portions

- 1 œuf
- 1/2 oignon
- 1 cuiller à café de curry
- 1 yaourt 0 % MG

✑ Faire cuire l'œuf pendant 6 min dans l'eau bouillante, l'écaler et prélever son jaune.
Éplucher et hacher finement l'oignon. Mélanger avec le jaune d'œuf écrasé et le curry.
Incorporer peu à peu le yaourt tout en remuant.

Sauce de paprika aux poivrons

Préparation : 15 min – Cuisson : 40 min
Pour 8 portions

- 4 tomates
- 1 poivron rouge
- 1 poivron jaune
- 1 oignon
- 1 cuiller à café d'aspartam
- 10 cl de vinaigre de vin
- 1 pincée de paprika
- sel, poivre

Laver les tomates et les poivrons. Ôter les pépins et les éplucher.
Éplucher l'oignon.
Mixer tous les ingrédients.
Filtrer et verser ce coulis dans une casserole.
Laisser cuire à couvert pendant 40 min à feux doux.

Sauce grelette

Préparation : 10 min – Sans cuisson
Pour 6 portions

- 4 tomates fraîches
- 100 g de fromage blanc 0 %MG
- 5 échalotes pelées et hachées
- 1 jus de citron
- sel, poivre

Faire pocher les tomates à l'eau bouillante pendant 30 s et les peler.
Mixer tous les ingrédients. Vérifier l'assaisonnement et servir très frais.

Sauce gribiche

Préparation : 10 min – Sans cuisson
Pour 8 portions

- 1 cuiller à café
  de moutarde
- 1 cuiller à soupe
  de vinaigre de cidre
- 2 cuillers à soupe d'huile
  de paraffine à l'estragon
- 250 g de fromage blanc
  0 % MG
- 1 cuiller à soupe
  de vinaigre de cidre

- 2 cuillers à soupe d'huile
  de paraffine à l'estragon
- 250 g de fromage blanc
  0 % MG
- 2 œufs durs
- 1 échalote hachée
- 3 cornichons hachés
- quelques branches
  d'estragon
- sel, poivre

Mettre dans un bol : la moutarde, le vinaigre, le sel et le poivre. Émulsionner avec l'huile.
Ajouter le fromage blanc en plusieurs fois, puis les œufs durs hachés, l'échalote, les cornichons et les feuilles d'estragon.
Rectifier l'assaisonnement.

Sauce hollandaise

Préparation : 15 min – Cuisson : 5 min
Pour 2 portions

- 1 œuf
- 1 cuiller à café
  de moutarde
- 1 cuiller à soupe de lait
  écrémé

- 1 cuiller à café de jus de
  citron
- sel, poivre

☞ Séparer le blanc du jaune d'œuf.

Dans un saladier au bain-marie, mettre le jaune d'œuf, la moutarde, le lait, et fouetter vigoureusement jusqu'à ce que la sauce épaississe sans tourner. Retirer du feu, sans cesser de fouetter, ajouter le jus de citron et le poivre.

Battre le blanc d'œuf en neige et l'incorporer délicatement.

Sauce lyonnaise

Préparation : 10 min – Sans cuisson
Pour 5 portions

- 1 gousse d'ail
- 1 échalote
- 120 g de fromage blanc 0 % MG
- 1 cuiller à soupe de vinaigre de vin
- sel, poivre

☞ Peler l'ail, l'échalote et les hacher finement. Battre le fromage blanc avec le vinaigre, saler, poivrer. Ajouter l'ail et l'échalote et fouetter pour obtenir un mélange homogène.

Sauce moutarde

Préparation : 10 min – Cuisson : 5 min
Pour 8 portions

- 2 cuillers à café de Maïzena®
- 1 jaune d'œuf dur
- 2 cuillers à café de vinaigre
- 2 cuillers à café de moutarde
- quelques fines herbes

Faire cuire la Maïzena® dans 20 cl d'eau et laisser refroidir.

Incorporer le jaune d'œuf malaxé avec le vinaigre et la moutarde.

Ajouter enfin les fines herbes, le sel et le poivre.

Si la sauce ne vous paraît pas assez liquide, ajoutez du vinaigre.

Sauce portugaise

Préparation : 10 min – Cuisson : 30 min
Pour 6 portions

- 8 tomates
- 6 gousses d'ail
- 2 oignons moyens
- 2 feuilles de laurier
- herbes de Provence
- 1 cuiller à soupe de concentré de tomates
- 1 poivron vert
- sel, poivre

Faire cuire les tomates, avec l'ail écrasé, les oignons émincés, le laurier et les herbes de Provence. Saler, poivrer, et laisser à feu vif pendant 10 min.

Ajouter le concentré de tomates, le poivron coupé en fines lamelles et faire réduire à feu doux, pendant 20 min environ.

Retirer les feuilles de laurier et mixer le tout.

Selon le goût, ajouter une pointe de piment.

INDEX DES RECETTES

C

D

G

T

V

REMERCIEMENTS

Je remercie Roland Chotard, l'un des chefs les plus réputés des Yvelines qui, en échange de trente kilos perdus à la lecture en solitaire de *Je ne sais pas maigrir*, m'a offert sa traduction personnelle de mes recettes, touchées par la grâce de son inventivité, de son professionnalisme et peut-être davantage encore de son désir de maigrir dans un contexte de luxuriance gastronomique.

Et merci à Gaël Boulet, formateur en chef de chez Ducasse, pour ses précieux conseils sur l'art de faire de la grande musique de bouche avec des arrangements simples et en échangeant le goût du gras par celui des aromates.

Chers lectrices et lecteurs,

Un million d'exemplaires de *Je ne sais pas maigrir*, cela se fête! Depuis des années, ce livre circule entre vous et moi. Vous m'avez ensuite demandé les *Recettes Dukan* que vous venez de découvrir. Vous m'accordez votre confiance et moi, une aide attentive et amicale. Une partie d'entre vous suivent la méthode et ses directives, maigrissent et se stabilisent. D'autres, moins assurés, plus vulnérables et dépendants de leurs aliments auraient souhaité un accompagnement, une prise en charge, une main à tenir. Pour eux, j'ai accepté de diriger l'élaboration d'un site de coaching sur internet adaptant ma méthode à chaque cas et surtout un vrai, un authentique suivi quotidien et interactif. Et pour eux, j'ai demandé et obtenu qu'il leur soit fait un accueil préférentiel.

À bientôt.

Pierre Dukan

Vous avez aimé ces recettes ?
Venez en retrouver des centaines d'autres
sur le site de coaching

www.regimedukan.com

Et profitez de l'accueil préférentiel
réservé aux lecteurs J'ai Lu[1].

---

1. 30% de remise en indiquant le code privilège **JAILU1**.

Bienêtre

8753

Composition : PCA
Achevé d'imprimer en Slovaquie
par Novoprint
le 8 octobre 2010.
1ᵉʳ dépôt légal dans la collection : août 2008.
EAN 9782290008577

Éditions J'ai lu
87, quai Panhard-et-Levassor, 75013 Paris
Diffusion France et étranger : Flammarion